KB261480

括虛禪師 遺稿

괄허집

崔昞植 · 余漢慶 譯註

불광출판부

괄
허
집

괄허집

2001년 1월 10일 초판 1쇄
2001년 1월 12일 초판 발행

지은이 괄허 선사
옮긴이 최병식 · 여한경
펴낸이 봉화영(至淨)
펴낸곳 불광출판부

등록번호 제1-183호(1979. 10. 10.)

서울시 송파구 석촌동 160-1
대표전화 420 - 3200
편 집 부 420 - 3300
전 송 420 - 3400

ISBN 89-7479-354-7
www.bulkwang.org
E-mail:webmaster@bulkwang.org

값 16,000 원

括虛禪師 眞影

괄허대사(括虛大師)

括虛大師 : 법명(法名)은 취여(取如), 속명(俗名)은 여도선(余道先), 초명(初名)은 여도학(余道鶴)이다.

1720년, 현 경북 문경시 산양면(山陽面) 송죽리(松竹里)에서 통덕랑(通德郞) 여일정(余日正)과 부인 안동 권씨(安東權氏) 사이의 3남 중 막내로 태어났다.

어릴 때부터 재기(才氣)가 뛰어나 유교 경전(經典)을 모두 외우니 그를 가르치던 유생들이 크게 감탄하고 장래를 촉망하였다고 한다.

13세에 사불산(四佛山)의 능파조사(凌波祖師)에게 나아가 축발(祝髮)하고, 진곡선사(眞谷禪師)에게서 구족계(具足戒)를 받아 교학(敎學)과 계행(戒行)에 하나의 흐트러짐도 없었으니 당시의 대덕(大德)들에게서 크게 인정을 받았다.

환암장로(幻庵長老)에게서 선지(禪旨)를 받고 환응선사(喚應禪師)에게서 의발(衣鉢)을 받았으니 청허대사(淸虛大師 : 西山大師)의 10세손이 되고 환성대사(喚醒大師)의 6세손이 된다.

정진(正眞)의 종맥(宗脈)을 이은 괄허선사(括虛禪師)는 전국 사찰을 순회하고 다녔지만 특히 영남 지방의 고찰에 두루 머물러 있어서 대사(大師)의 법(法)을 받은 이가 매우 많았다.

문재(文才)가 뛰어나고 능필가(能筆家)이며 공교한 글을 쉽게 많이

써 남겼다고 하나 사후 100년이나 지난 뒤 유고(遺稿)를 수집해서 문집(文集)을 출간하다 보니 산실(散失)이 많아 아깝다고들 한다.

1789년 4월 15일 지필(紙筆)을 가져오라 하고 두 수의 게송(偈頌)을 남기고는 좌탈(坐脫)하였다. 운달산(雲達山) 김룡사(金龍寺)에서 유일하게 저술을 남기신 분이다. 著述 :『括虛集』 2권 1책.

임종을 맞아

칠십 년 간 지낸 일이
마치 꿈속의 사람일세
담연하기가 물 속의 달 같은데
몸은 어이 오고 가고 하는고.

환생하여 왔다가 환생 좇아가니
오고 가는 환생 중 사람이건만
환생 중에서도 환생하지 아니하는 것
이게 나의 본래의 몸이라네.

臨歸偈
七十年間事　依俙夢裏人
澹然同水月　何有去來身

幻來從幻去　來去幻中人
幻中非幻者　是我本來身

괄허당(括虛堂) 법맥(法脈)

太古普愚(世尊 57世, 海東初祖)
幻庵混修(世尊 58世, 太古 1世)
龜谷覺雲(世尊 59世, 太古 2世)
碧溪淨心(世尊 60世, 太古 3世)
碧松智儼(世尊 61世, 太古 4世)
芙蓉靈觀(世尊 62世, 太古 5世)
淸虛休靜(世尊 63世, 太古 6世)
鞭羊彦機(世尊 64世, 太古 7世)
楓潭義諶(世尊 65世, 太古 8世)
月潭雪霽(世尊 66世, 太古 9世)
喚惺志安(世尊 67世, 太古10世)
抱月楚旻(世尊 68世, 太古11世)
松海省遠(世尊 69世, 太古12世)
雙運錦華(世尊 70世, 太古13世)
喚應凌肅(世尊 71世, 太古14世)
★ 括虛取如(世尊 72世, 太古15世)
玩松陟詮(世尊 73世, 太古16世)
靜峰景賢(世尊 74世, 太古17世)
龍溪宇洪(世尊 75世, 太古18世)
杜巖瑞雲(世尊 76世, 太古19世)
惠雲致敏(世尊 77世, 太古20世)
就虛尙順(世尊 78世, 太古21世)
念成蓮岸(世尊 79世, 太古22世)
寶林性元(世尊 80世, 太古23世)

※본 법맥도는 『해동불조원류(海東佛祖源流)』에 의함.

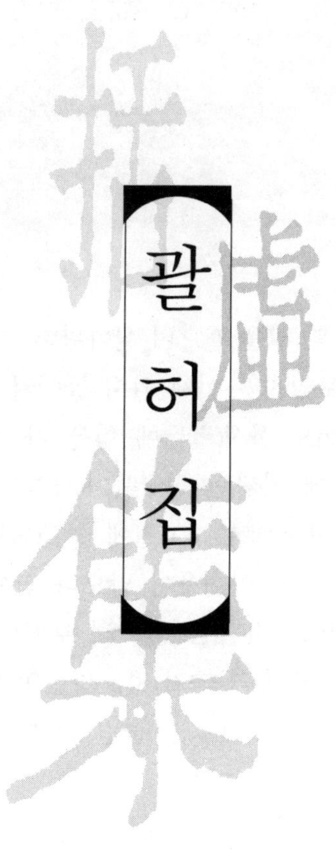
괄허집
括虛集

추 천 사

평생을 외로운 학문의 길을 걸으며 살아왔다. 그 동안 이것저것 많은 것을 읽고 또 써 보았지만 이제 와서 돌이켜보니 아마도 불가문학(佛家文學), 그 중에서도 한시(漢詩)에 힘을 기울여 온 것 같다.

거의 불모지(不毛地)에 가깝던 한국불가(韓國佛家) 한문문학(漢文文學) 중 한시(漢詩)의 통시적(通時的) 고찰에 성열(誠熱)을 기울여 보았지만 아직 기대에는 못 미쳐 아쉬움이 남으나 앞으로의 연구에 어느 정도 도움은 되리라 믿고 자위(自慰)를 해 보기도 한다.

뜻밖에 괄허선사(括虛禪師)의 속가 8대 방손인 여한경(余漢慶) 씨께서 『괄허집(括虛集)』 역주본(譯註本)을 출간하겠다며 초안(草案)을 가져와 잠시 살펴보고 의견을 나누었다

18세기 한국 불교문학의 한 주역(主役)이었던 괄허선사(括虛禪師)의 시(詩)의 일부는 이미 1993년 11월에 출간한 필자의 『한국불가 시문학사론(韓國佛家詩文學史論)』에서 「括虛의 山水詩에 나타난 禪」이란 제목으로 소개한 바 있으며, 이번 번역문에서는 사(辭), 고시(古詩), 절구(絶句), 율시(律詩), 서(序), 기(記), 문(文), 설(說), 게(偈), 행장(行狀), 발(跋) 등을 총 망라하여 번역하여 놓았다.

딱딱하기 쉬운 한문 번역문의 문맥이 유연하고 원문의 취지를 전함에도 대체로 진지했으며, 한문 문체(文體)의 독특한 형식미(形式美)

를 드러내 보이려는 의도가 엿보이기도 하였다.

또 주(註)를 친절히 달아놓아 눈에 보이는 자연물을 통해 선(禪)과 철학(哲學)의 심오(深奧)한 이(理)를 표현하고 있는 괄허문학(括虛文學)의 이해에 많은 도움이 되게 하였고, 또 자유로이 폭넓은 이해를 해 보게도 하였다.

원래 산수(山水)를 통하여 천리(天理)를 드러내는 것을 특징으로 하는 괄허선사(括虛禪師)의 시(詩)와 율문(律文)과 그 밖의 문장(文章)들은 모두가 뜻이 심오(深奧)하고 고아(高雅)하며 표현기법(表現技法)이 공교(工巧)함을 보여준다고들 한다.

희귀본(稀貴本)이던 『괄허집(括虛集)』이 이제 영인본(影印本)과 역주본(譯註本) 합본(合本)으로 출간된다면 누구나 쉽게 '괄허집'에 접하여 대사의 선(禪)과 예술(藝術)을 이해하는 데 많은 도움이 되리라 믿고, 관심 있는 분들의 애독과 더 깊은 연구를 바라며 이에 '추천사'를 쓰는 바이다.

2000년 7월 18일

문학박사 이 종 찬 (전 동국대학교 인문대 학장)

머 리 말

한 몸의 사람으로 태어난다는 것이 백천만겁난조우(百千萬劫難遭遇)이고 맹구우목(盲龜遇木)인데 한 생명(生命)을 얻었고 더욱이 수승(殊勝)한 불법(佛法)을 만나 그 속에서 괄허 대화상(括虛大和尙)을 만났다. 인연의 지중함에 오직 감사할 뿐이다.

『괄허집(括虛集)』은 역사의 그늘에 지워졌으리라 생각하고 있었는데, 지난 정축년(丁丑年 : 1997) 가을 미면인 스님의 속가 후손이 복사본을 가지고 나를 찾아왔다. 괄허 큰스님과 나와의 만남은 이로써 시작된 것이다.

스님은 조선조 숙종 46년 경자년(庚子年 : 1720) 9월 17일에 현 경북 문경시(聞慶市) 산양면(山陽面) 송죽리(松竹里)에서 의령 여씨(宜寧余氏)의 이십세(二十世) 휘(諱) 일정(日正) 공(公)과 안동 권씨(安東權氏) 사이에서 수생(受生)하셨다.

13세에 사불산(四佛山) 대승사(大乘寺)로 입산하시어 능파조사(凌波祖師)에게 나아가 축발(祝髮)하시고 진곡선사(眞谷禪師)에게서 구족계(具足戒)를 받으셨으며 그 문하(門下)에서 수행(修行)한 희유(稀有)의 선지식(善知識)이셨다.

정조 13년(1789) 4월 15일에 홀연히 열반게(涅槃偈)를 남기시고 시적(示寂)하시니 세수(世壽)는 70이요 법랍(法臘)은 57이었다.

이 『괄허집(括虛集)』은 고종 25년 무자년(戊子年 : 1888)에 운달산(雲達山) 김룡사(金龍寺)의 산내 암자인 양진암(養眞庵)에서 목판본으로 간행되었다. 이 해가 바로 스님이 열반(涅槃)하신 지 100년이 되는 해였으며, 현대문으로 역문(譯文)이 시도되는 것이 간행 후 110년이 되는 셈이다.

스님의 해박(該博)한 학문세계와 수행 공덕이 생생하게 전하여 당시 납자(衲子)의 생활상을 엿볼 수 있었고, 또 문예(文藝)·사서(史書)·법문(法門)이라 선교(禪敎)의 지침이라 아니할 수 없으며, 오늘날 모든 사람들의 좋은 거울이 되리라 믿는다.

사계(斯界)에 관심이 컸던 불초는 희유(稀有)한 만남에 감격하며 천학 비재(淺學菲才)를 자처하면서도 노구(老軀)를 채찍하여 붓을 진척시켰다. 오류도 많으리라 생각되어 시정(是正)의 수고와 질책을 달게 받겠다.

또한 스님의 속가 문중(門中)의 소장 공덕과 출간에 앞장서서 물심 양면으로 베풀어 주신 큰 공덕에 깊이 감사를 드리며, 여씨 종문(余氏宗門)에 길이 불은(佛恩)이 충만하고 큰 영광이 함께 하시기를 기원하는 바이다.

무인년(戊寅年 : 1998) 원단(元旦)

운산거사(雲山居士) 최 병 식(崔昞植) 근지(謹識)

괄허집 번역에 덧붙여

『괄허집(括虛集)』 번역에 대한 논의가 여러 번 있었다. 그러나 망설일 수밖에 없었다. 우선 모두가 시간에 쫓기고 있었고, 한문지식 및 불교에 대한 전문지식의 부족에서 오는 두려움 때문이었다.

그러던 중 가질(家姪) 여성주(余聖柱) 군과 문경시 문화원의 향토사(鄕土史) 연구위원(硏究委員)이며 국사편찬위원회(國史編纂委員會) 사료조사위원(史料調査委員)인 최병식(崔昞植) 선생의 헌신적 성열(誠熱)에 의하여 일이 추진되고 보니 두려움은 뒤로 가고 먼저 반가움이 앞선다.

흔히들 '불가문학(佛家文學)'이란 용어를 쓰는 우리 불교인(佛敎人)의 한문문학(漢文文學)은 근대 이전(近代以前)까지 우리 한국문학의 상당한 비중을 차지해 왔으면서도 국자(國字)가 아닌 한자로 표현된 한문문학인데다가 또 숭유정책(崇儒政策)의 그늘에 묻힌 불교문학이란 이유로 한때는 빛을 보지 못하였다. 실로 불행하고도 안타까운 일이 아닐 수 없었다.

그러나 한문 불교문학에 관련하여 다음과 같은 몇 가지 사실들을 돌이켜 생각해보자.

첫째, 개화기 이전까지 우리의 조상들은 한자를 공식문자로 사용해 왔고 우리의 모든 문화(文化)는 한자(漢字)에 의해 계승 발전되어 왔다.

둘째, 불교(佛教)는 삼국시대부터 한국인의 중심 신앙(信仰)이요 한국인의 정신과 사상의 바탕이 되어 왔다.

셋째, 문자(文字) 없는 민족의 차자문학(借字文學)도 그 나라 문학으로 떳떳이 인정을 받아야 한다.

이런 사실들이 학계에 부각되면서 한문 불교문학에 대한 올바른 인식은 마침내 제자리를 찾게 되었다. 정말 다행스러운 일이 아닐 수 없다. 진실로 한문 불교문학은 귀중한 우리의 문화 유산이요 보배로운 우리의 국문학이다.

국문시대의 젊은이들이 어렵다고 한다면 이들의 손에 잡히고 입맛에 맞게 번역을 하고 주(註)를 달아서라도 다리를 놓아 맛보고 즐기고 사랑할 수 있도록 해 주어야 한다. 이것이 관심 있는 사람들의 할 일이요 겨레의 임무이다.

이미 번역되어 출판된 것도 상당량이 있기는 하나 이제 확실하게 달라진 젊은 세대들의 취향(趣向)과 구미(口味)에 맞지 않아 버림받고 있는 실정이다.

그래서 붓을 들어보았다. 천학비재(淺學菲才)가 자라나는 젊은 세대와 평생을 함께 호흡하며 문학을 더듬고 살아온 경험을 바탕으로 운산거사(雲山居士) 최선생님의 주옥(珠玉)같은 번역에 감히 손을 대어 보았다.

첫째, 달라진 젊은 세대의 새로운 감각에 맞추려고 애썼다.

둘째, 쉽게 이해하고 나아가 폭넓게 생각해 볼 수 있도록 충실한 주(註)를 달았으며, 또 지면에 관계가 없는 운문만은 번역문 바로 아래에 원문(原文)을 제시하여 참고하게 하였다.

셋째, 한문 체취(漢文體臭)를 국문 체취(國文體臭)로 변환(變換) 시키되 그 원의(原意)의 손상을 최소한으로 줄이려고 부득이한 경우를 제외하고는 의역(意譯)을 삼가고 직역하도록 노력을 하였다.

넷째, 한문문학(漢文文學)의 각종 특이한 문체 감각을 살리려고도 시도해 보았다.

다섯째, 월점은 필요에 따라 찍기도 하고 생략하기도 하였다.

여섯째, 희귀본이기에 학자들의 더 깊은 연구에 자료를 제공하기 위해 책 끝에 영인본(影印本)을 첨부하였다.

그러나 한문 글귀를 국문으로 풀어썼을 때 그 함축(含蓄)된 의미 또는 이미지를 그대로 드러내기가 무척 어려웠고, 때로는 그 품위가 덜어지는 것 같아 망설이기도 하였다. 그리고 각 문체의 표현의 묘법(妙法)에서 오는 경이로운 운율감(韻律感)을 살리기 어려워 고민했으며, 더욱이 불교철학(佛敎哲學)의 심오(深奧)한 진리에 바탕한 뜻의 이해 부족과 쉽게 접하기 어려운 경문(經文)이나 불사(佛事) 인용 등에서 고심하기도 하였다.

외물 조사(外物照射)에서 본질(本質)을 참구(參究)하고 있는 괄허당(括虛堂)의 시(詩)와 율문(律文)은 거의가 순수문학적 성격을 띠면서도 선리(禪理)에 바탕하여 그 뜻이 심오(深奧)하고 고아(高雅)함을 보여주고 있다.

그리고 해박한 지식과 뛰어난 문재(文才)의 발현에서 오는 깊고도 참신한 감각과 착안(着眼), 그리고 공교(工巧)로운 표현이 한층 빛을 더해주고 있다.

이러한 괄허 조선(括虛祖先)의 위상(偉相)에, 또 최(崔) 선생님의 해박한 지식으로 빚은 주옥(珠玉)에 오히려 먹칠을 하지 않았을까 두려움이 앞선다.

질책을 각오하고 사계 전문가들의 더 깊은 연구의 기회가 있으시기를 기대하면서 우선 종교(宗敎)와 진리(眞理)와 인생(人生)과 예술(藝術)을 함께 되새겨보는 계기가 되리라 믿고 많은 젊은이들과 관심 있는 분들의 애독을 권장하는 바이다.

끝으로, 추천사를 써주신 동국대학교 인문대 학장으로 계시던 이종찬(李鍾燦) 박사님, 그리고 효성가톨릭대학교 대학원장으로 계시던 구붕(舊朋) 홍재휴(洪在烋) 박사님과 영남대학교 국문학부 교수요 한민족어문학회 회장으로 계시는 김주한(金周漢) 박사님 등, 불교문학 및 국문학계의 석학들의 조언과 축의에 감사를 드리고, 아울러 경주대학교 문예창작학과 교수로 있는 가질(家姪) 문학박사 여세주(余世柱) 군의 교정의 수고가 있었다는 사실도 밝혀 두는 바이다.

덧붙여서, 소백산의 명봉사(鳴鳳寺)로 인연하여 괄허선사(括虛禪師)에 대해 각별한 관심을 보이셨던, 금릉(金陵)의 황악산(黃岳山) 직지사(直指寺)에 머물고 계시는 관응(觀應) 큰스님께서 '추천사'를 써주시기로 약속이 되어 있었으나, 사정상 싣지 못하게 된 아쉬움도 아울러 밝혀둔다.

2000년 7월 20일

괄허(括虛) 조선(祖先)의 8대 방손(傍孫)

송남당(松南堂) 여 한 경(余漢慶) 삼가 씀

차 례

• 고시 •

• 古詩 •

• 오언절구 •

• 五言絶句 •

•칠언절구• / •七言絶句•

• 오언율시 • • 五言律詩 •

• 칠언율시 •

• 七言律詩 •

【괄허집 2권】 【括虛集 卷二】

• 附錄 •

괄허대사 유고집 서문(1)

태허(太虛[1])로 말미암아 하늘이 있고 하늘로 말미암아 사람의 성심(性心[2])이 있으니 하늘과 사람은 같은 이치이므로 그 근본은 허(虛 : 太虛)일 뿐이다.

허(虛)는 곧 고요[靜]하다. 고요하나 움직이므로 허는 곧 통하게 되고 통하면 변하므로 허에는 채움[盈]이 일어나 허에는 실물(實物)이 존재한다.

성심(性心)이 허령불매(虛靈不昧[3])하지 못한 사람으로서 그 누가 이 경지에 함께 할 수가 있겠는가?

해동(海東) 영남의 상산(商山[4])에 괄허대사(括虛大師)가 있었으니 그 시(詩)가 허(虛)의 경지를 노래했고 그 문(文)이 또한 허(虛)의 설(說)에서 벗어나지 않았다.

미루어보건대 그는 실로 허령불매한 성심을 가지고서 오로지 허무(虛無[5])나 적멸(寂滅[6])만을 숭상하지 않았음도 알 수가 있으니 그

---

1) 우주의 근원. 우주의 대원기(大元氣). 또는 기(氣)의 본체(本體). 태허(太虛)가 응집(凝集)되어 만물이 되고 만물은 분해하여 태허가 된다고 함.

2) 인성(人性)과 인심(人心).

3) 마음이 거울같이 맑고 영묘(靈妙)하여 무엇이고 뚜렷이 비추어 일체의 대상을 명찰(明察)한다는 뜻. 유교(儒敎)에서는 마음의 상태 및 명덕(明德)의 본질임.

4) 상주(尙州)의 옛 이름. 현재의 문경(聞慶) 산양(山陽)의 송죽리(松竹里)가 당시에는 상산(商山)에 소속되어 있었음.

5) 노자의 무위사상(無爲思想). 인식을 초월한 만물의 본체는 '하나'로 '허무(虛無)'라

자신이 스스로 시방(十方)[7]의 허(虛)[8]를 괄(括)[9]한다고 한 말이 헛말이 아니다.

괄허대사(括虛大師)는 잠영(簪纓)[10] 출신으로 스님이 되어 옛날의 서산대사(西山大師)를 그 법조(法祖)로 하였는데, 서산대사 역시 그 호(號)가 청허(淸虛)요, 지금의 혜운대사(惠雲大師)를 법손(法孫)으로 두었는데 그 역시 영(盈)과 허(虛)의 이치를 잘 아는 사람이다. 이 사람 혜운(惠雲)으로 하여금 성현들을 아무나 만나게 한다면 곧 헛되게 군자·선비들을 잘못 만나 실속이 없을는지 어찌 알겠는가?

우리 유생(儒生)들 가운데는 좋은 사람들이 많이 불계(佛界)에 이끌려 갔으므로 마음아파 하노라.

마침내 혜운(惠雲)이 괄허대사의 유고(遺稿)를 출판하여 오래 전하고자 한다고 하는데 혜운(惠雲)의 심성 역시 허령불매(虛靈不昧)하나 내 그러하지 못함을 한(恨)하노라.

허심하게 내 자리 오른쪽에서 태허(太虛)를 곡진하게 논하고서 돌아가니 이에 글을 써서 혜운대사(惠雲大師)에게 맡기노라.

무자년(戊子年 : 1888, 고종 25) 봄 3월 하순

자헌대부 지 중추 부사 겸 승정원 도승지 겸 경연 참찬관 춘추관 수찬관 예문관 직제학 상서원 정 규장각 검교 직제학 겸 시강원 보덕. [그 후 예조판서, 이조판서, 탁지부대신 역임]

안동(安東) 김 성 근(金聲根) 해사(海士) 서(序)

는 사상.

6) 불교사상. 생멸(生滅)이 함께 없어져 무위적정(無爲寂靜)하다는 사상.

7) 사방(四方), 사우(四隅), 상하(上下)의 총칭. 즉 모든 공간.

8) 괄허대사의 '허(虛)'의 개념은 '생멸하는 가운데서도 생멸하지 아니하는 진성(眞性)'이라고 하였다. 앞쪽의 '태허(太虛)'와 2권의 '괄허설' 참조.

9) 묶다. 감독하다. 이르다. 궁구(窮究)하다. 구명(究明)하다. 받아들이다. 총괄하다.

10) 관원(官員)이 쓰던 비녀와 갓끈. 양반의 별칭. 잠신(簪紳).

괄허선사 유고집 서문(2)

소백산의 중 상순(尙順)이 우리 집을 찾아와 그의 숙사(叔師) 혜운(惠雲) 상인(上人)[1]의 말을 전하여 이르기를, 나의 육세 조사(六世祖師)인 괄허존자(括虛尊者)께서는 선교(禪教)[2]에 통융(通融)[3]하시고 율행(律行)[4]이 심히 높으셨으며 여사(餘事)로 써두신 시(詩)와 문장(文章)이 다 함께 묘경(妙境)에 이르시었다.

무릇 이름 높은 가람과 도량에 걸린 현판도 그분의 손으로 작성된 것이 많이 나왔다.

그리고 어진 사대부들과 더불어 놀기를 좋아하셔서 권청대(權淸臺)[5], 정해좌(丁海左)[6] 등 여러 선생과 서로 화답한 시문(詩文)이 많았는데 불행하게도 그 유편(遺編)이 흩어지고 없어져 지금 남은 것은 약간 편일 뿐이다.

그러나 그냥 없앨 수가 없어 바야흐로 활자를 구해 출판하여 오래 전하고자 하신다 하며, 오직 혜운대사(惠雲大師)께서 공(公)께 부탁하

---

1) 지덕(智德)을 갖춘 불제자(佛弟子). 승려(僧侶)를 높이어 일컫는 말. 훌륭한 사람.
2) 선종(禪宗)과 교종(敎宗). 선학(禪學)과 교법.
3) 여기서는 깨달아 변통의 재주가 있음을 뜻함. 융통(融通)
4) 계율(戒律)을 행함.
5) 본명은 권상일(權相一). 조선 숙종 때의 학자・문신.
6) 본명은 정범조(丁範祖). 조선 정조 때의 문신.

는 한 마디 말씀은 서문(序文)이라고 하였다.

내가 사양할 수가 없었다. 역시 느끼는 바가 있었기 때문이다. 대체로 인정도 오래되면 잊어버리게 마련이고 잊어버리고 나면 해야 할 일도 없어지는 법이기 때문이다.

괄허대사(括虛大師)께서는 가신 지가 오래 되었다. 혜운(惠雲)이 이에 잔고(殘藁)를 모아 불후(不朽)의 계획을 세우니, 괄허대사(括虛大師)께서 그 실(實)함이 없었더라면 이 계획이 없었을 것인데 마땅히 이 일은 시작되었고, 문손(門孫)의 성의가 진실로 돈독하지 못했다면 이 출간이 없었을 것인데 혜운대사(惠雲大師)가 그 어지신 분이 아닌가! 그래서 그 문집을 살펴보았더니,

창적(暢適[7])하도다! 그 운치(韻致)가.

온건(穩健[8])하도다! 그 취지(趣旨)가.

시서(詩書)에서 배워 익히거나 인의(仁義)의 설(說)에서 익힌 것만이 아닌 데다가 그 재예(才藝)가 뛰어나지 아니한가? 그 가히 전하여야 하도다!

이 문집(文集)이 비록 작다고는 하나 어찌 작다고 탓할 수가 있겠는가? 하물며 지금 이 사자후(獅子吼[9]) 같은 수절(秀絶)한 목소리를 이 문집이 분량이 적다고 하여 더욱이 전하지 않을 수가 있겠는가? 상순(尙順)은 돌아가 혜운대사(惠雲大師)에게 이런 말을 전하여 주게나.

정해년(丁亥年 : 1887, 고종 24) 추석날

방산(舫山) 허 훈(許薰) 씀

---

7) 유쾌하고 즐거움. 화락(和樂)함. 창락(暢樂).

8) 온당하고 건전함.

9) 부처님의 한 번 설법(說法)에 뭇 악마(惡魔)가 굴복 귀의(歸依)함의 비유. 크게 부르짖어 열변(熱辯)을 토하는 연설(演說)의 비유.

괄허화상 유고집 서문(3)

선나(禪那)[1] 심인학(心印[2]學)은 가섭(迦葉[3])에서 근원하여 달마(達磨)[4]에서 갈려 동쪽으로 흘러 들어왔다. 그리고 문(文)을 그릇[器]하여 법(法)을 결집(結集)하게 되었고, 갈래 갈래가 서로 이어 마음과 마음으로 서로 전해 내려오는 바이다.

계세(季世[5])가 이르기도 전에 성인(聖人) 가신 지가 오래되었으니 경문(經文)은 침독(侵瀆)되어 쇠퇴(衰退)하고 율법(律法)은 곧 느슨해져 정법(正法)을 눈에 간직한 자가 그 얼마나 되든지 땅에 떨어졌도다!

다행히 우리는 선사(先師) 괄허 대화상(大和尙)께 의지할 수가 있게 되었으니, 화상(和尙)께서는 홀로 능히 거짓된 속(俗)을 등지고 나오셔서 정진(正眞[6])의 종맥(宗脈)을 꿰뚫으시었다.

---

1) 선(禪). 선정(禪定). 곧 산스크리트(語) 'dhyana'의 완역어(完譯語).
2) 심인(心印) : 선종(禪宗)에서 문자나 언어에 의하지 아니하고 이심전심(以心傳心)으로 깨치는 불타(佛陀) 내심(內心)의 실증(實證). 또는 그렇게 깨친 결정(決定) 불변(不變)한 깨달음의 세계.
3) 부처님 십대 제자 중 상수제자. 칠불(七佛) 중 여섯째 부처. 가섭파(迦葉波). 음광(陰光). 공문(空門)의 시조. 여기서는 곧 마하가섭(摩訶迦葉)을 일컬음.
4) 선종(禪宗)을 중국에 전한 초조(初祖). 중국 숭산 소림사(少林寺)에서 9년 간 면벽참선하여 오도(悟道)하였다 함.
5) 정치 · 도덕 · 풍속 등이 쇠퇴한 시대. 말세(末世). 불법이 쇠퇴한 시대.
6) 불타(佛陀). 석가모니 부처님을 달리 일컫는 말.

처음에는 법을 찾아 이(理)를 깊게 하고 나중에는 선정(禪定[7])에 의하여 지혜(智慧[8])를 발휘함으로써 지금까지 선(禪)의 위풍(威風)을 모르고 잠자고 있던 자들을 진작(振作)시키셨다.

조사(祖師)의 달(月[9])은 어두운 자들을 밝히셨으니 진실로 음광(飮光[10])의 종파(宗派)라 할 수 있으며 이앏이 하는 정맥(正脈)에 어찌 탁월한 정성을 다하였다고 하지 아니하겠는가? 옳도다!

선사(先師)께서는 선정(禪定)에 드셨다가 나오시는 여가에 시(詩)와 문장(文章)을 섞어 쓰셨는데 또한 자못 정금(貞金)이나 양옥(良玉)의 미(美)를 이루셨다 하겠다.

그리고 괄허화상(括虛和尙)께서 본받은 교법(敎法)은 내려오는 경전(經典)에 있었지만 더 거슬러 올라가면 불조(佛祖[11])의 믿음에 그 근원을 둔다.

문(文)이라는 것은 도(道)를 깨닫는 그릇이다. 그러므로 문(文)이 있는 곳에는 도(道)가 또한 있으므로, 응당히 이 그릇에 담아 세상에 전하여야 하는 것이다.

며칠 전에 괄허대사(括虛大師)의 오세 법손(五世法孫) 두암공(杜庵公)이 개탄하면서, 대체로 괄허화상(括虛和尙)의 유고(遺稿)가 오랫동안 책 상자에 사장되었으니 이를 출판하여 오래 전하고자 한다며 나에게 권두언(卷頭言)을 요구했다.

스스로 돌아보니 내 보잘것없는 학식으로 어찌 감히 정법(正法) 문

7) 참선하여 삼매경에 이름. 정신을 집중하여 진리를 직관하는 경지에 다다르는 일. 선나(禪那).

8) 미혹(迷惑)을 절멸(絶滅)하고 보리(菩提)를 성취하는 일. 보리(菩提) : 불타(佛陀) 정각(正覺)의 지혜. 정각의 지혜를 위한 수행(修行)의 길.

9) 달(月)=심월(心月) : 달과 같이 밝은 마음. 도(道)를 깨달은 마음을 달에 비유하여 이르는 말.

10) 가섭(迦葉).

11) 불교의 개조(開祖), 곧 석가모니.

장에 붓 장난을 할 수가 있으며 주옥(珠玉)에 흠집을 낼 수가 있겠는가?

그러나 돌이켜 생각해 보면 출간하는 일이 지중하므로 감히 끝내 사양할 수가 없어 마침내 이와 같이 적어 두노라.

만약 심법(心法)을 지관(止觀)[12]하고 온 공간의 본성이 허(虛)로 괄(括)함을 헤아린다면 삼제(三際)[13]에 영원할 진리가 진실로 이 책에 있다는 것을 겉에서 슬쩍이라도 본 사람은 마땅히 알 것이니라.

숭정[14]기원 후 이백오십일년 무인년(戊寅年 : 1878) 삼월 하순

후학 함홍(涵弘) 치능(致能) 손씻고 삼가 씀.

---

12) 천태종(天台宗)에서, 산란한 망념(妄念)을 그치고 정적(靜寂)한 명지(明智)로써 만법(萬法)을 관조하는 일.

13) 삼제(三際)≒삼세(三世) : 과거・현재・미래. 곧 영겁(永劫).

14) 명나라의 마지막 임금 의종(毅宗) 장열제(莊烈帝)의 연호(1628~1648).

괄허집 1

括虛集 卷一

그윽한 삶을 노래하다

산 속 사람이 빈 골짜기에 있으니
부들방석에 앉아도 비단옷일세

푸른 산은 높이 둘러 병풍이 되고
흰구름은 날아와 휘장이 되네

아침에 따낸 잎은 낙락송(落落松)이더니
저녁에 뜯은 순은 싱싱한 향초(香草)라네

돌 틈에서 솟은 물은 차고도 찬데
내 이를 닦아 놓고 스스로 맑아져

아득히 흘러도 속세는 멀어
저 세상 회오리바람도 내 방에는 못 드네.

幽居辭

山中人方在空谷　　坐蒲團方女蘿衣[1)]
翠嶂環而爲屛　　白雲飛而爲帷
朝搴葉方落落松　　暮採秀方燁燁芝
石泉兮冷冷　　我齒方自潔
杳然方與世相違　　風埃方不到丈室

---

1) 여라의(女蘿衣) : 소나무 겨우살이로 짜서 만든 여승이 입는 부드러운 옷. 그러나 송낙[松蘿笠]은 볼 수 있어도 여라의(女蘿衣)는 보기 드물다.

맑은 밤을 노래하다

햇빛도 저녁이면 교만을 버리고
기약한 듯 처마 끝엔 구름이 돌아오네

돌 의자에 바람 오고
솔 대문엔 달이 뜨니

밝은 밤 잠 못 이뤄 배회하면서
아! 누구와 터놓고 이야기를 나눌꼬

고요히 밤은 흘러 절반이 남았는데
일기지공(一氣之孔)[1] 신비로워

『능가경(楞伽經)』[2]을 외고 나니
차가운 종소리 좇아 새벽이 오네.

淸夜辭

日之夕方澹偃蹇　　如有期方簷雲還
風來方石榻　　月到方松關
耿不寐方徘徊　　謇誰與之晤言
夜冉冉方將半存　　一氣之孔神
誦楞伽方旣罷　　聆寒鐘方達晨

---

1) 만물의 원기(元氣)인 일기(一氣)의 깊은 이치(理致).
2) 부처님이 능가산에서 대혜보살을 위하여 설한, 삼계유심(三界唯心), 진망(眞妄)의 인연(因緣), 법신상주(法身常住) 등의 뜻이 설명되어 있는 대승경전의 하나.

구름을 바라보며

맑은 하늘빛을 처음 펴기 시작하면
밝은 아침해가 바야흐로 떠오르네

기이한 모습들이 나타나 그려내기도 어려운데
이상하도 다양한 저 모습 그 누가 불렀는고

한가로이 산굴에서 나오니 생각을 가진 것도 같고
멀리서는 하늘을 가리니 영혼[1]이 있는 것도 같네

떠오르면 까마귀와 같고
돌아가면 수레바퀴 같은데

끌어가면 거북이와 같고
분격하면 비룡과도 같다네

가볍기는 바야흐로 난봉[2]의 날개이고
엄연하기는 바야흐로 수호랑이라네

천 명 군사가 어지러이 달리며 펄펄 정기[3]를 날리고

---

1) 사람의 모든 정신적 활동의 본원이 되는 실체(實體).
2) 난조(鸞鳥)와 봉황(鳳凰). 영준(英俊)한 선비의 비유. 군자의 비유.
3) 정(旌)과 기(旗). 정(旌)은 천자가 사기를 고무하거나 거동할 때 쓰던 기임.

수많은 말들이 황급히 달리며 칼과 창으로 부딪친다네

얼굴 얼굴이 바야흐로 뭇 신선들이고
하나하나가 바야흐로 뭇 부처님이라네

골짜기 앞에다 가로 펴면 천리가 비단인데
공중에 일어나 맺어 놓으면 옥 봉우리가 만 겹이라네

바람 따라 다듬어졌지만 교만하고 방탕하여
해를 감싸고 얽어매기도 한다네

맑게 개려는가 찬란한 오색
비를 내리려는가 망망한 일색

모였다가 흩어지기가 하루아침 그 몇 번이던고
일어났다 사라지기는 한나절에 그 몇 번이던고

우연히도 이런 모양 이루는데
끝없이 일어나는 나의 감회여

눈여겨보는 것은 오랜 보존에 익숙하고
귀담아듣는 것은 끝도 없고 막힘도 없다네

해와 달도 오히려 이지러지고 좀먹으며
산과 내도 또한 무너지고 물 마르는데

인신의 존몰과
세정의 개역은

오래고 빠름이 다르나
번복은 곧 서로가 다 같다네

사물의 변천을 자세히 살펴보면
생멸이 허공[4]에 있음을 어찌 가벼이 여길 수 있으랴

아아! 분명도 하구나. 영서일점통[5]! 밖의
만물은 모두 부운 중에 있음을 그 누가 아느냐.

望雲辭

天光方初舒	旭日方示昇
奇形現方難畫	異狀紛方誰徵
閒出峀方若有意	遠遮天方如有靈
騰而如烏方廻如輪	曳而如龜方奮如龍
飄然方鸞鳳之翔	儼然方虎豹之雄
千軍亂走方旌旗飄拂	萬馬急馳方劒戟衝撞
面面方羣仙	頭頭方諸佛
橫叙谷口方白練[6]千里	起結空中方玉峯萬疊
隨風端而蹇蕩	抱日邊而綰結

---

4) 아무것도 없는 텅 빈 공중. 모양과 빛이 없는 상태. 앞뒤의 사량(思量)이 없는 상태. 무량(無量)한 공간 및 시간이 이루는 상태. 공명(空冥).

5) 영서일점통(靈犀一點通) : 피차의 마음이 말없는 가운데 잘 통함의 비유. 영력(靈力)을 얻은 물소의 뿔 속에는 한 줄의 가는 구멍이 있어 밑에서부터 끝까지 잘 통해 있다고 함. ㊀영서(靈犀). 여기서는 '(생멸의) 공통성'을 뜻함.

6) 백련(白練) : 마전한 흰 비단. 햇빛에 바랜 흰 비단.

欲晴方彬彬五彩　欲雨方茫茫一色
一朝方幾聚散　半日方幾起滅
偶然托爾之形　無端起余之懷
凡寓目者熟能長存　屬耳者熟能無涯
日月方猶有缺蝕　山川方亦有頹涸
況人身之存沒　與世情之改易
久速也雖殊　飜覆則相同
觀事物之遷變　何輕乎生滅於虛空
嗟呼烱然一點靈犀外　誰知萬物都在浮雲中

운산을 노래하다

청산 위의 백운은 희고
백운 속의 청산은 푸른데

나는 백운 따라
청산에 살고 싶네

흰구름을 관문으로 삼고
푸른 산을 대문으로 삼아

솔바람 쓸쓸히 불고
밝은 달빛이 골짜기에 가득할 때

청산 머리에 몸을 던져 크게 뻗어 누워 보면
흰구름도 허리 옆 한자리에 누웠네

흰구름은 또한 나를 머무르지 못하게 하고
구름은 무슨 일로 오래 머물지 않는고

청풍(淸風)으로
잠시간 흩어지는가

하늘이 비를 내려 자연을 꾸미고 나면

만물은 갑자기 내 마음을 유혹하네

구름이 청풍을 모는[1]
강산 곳곳이

서로 지나는 풍광이 좋구나
서로 지나는 풍광이 좋구나

밝은 달빛의 푸른 파도를 백구가 희롱하되
산은 말이 없고 구름은 유유하고

아무도 나와 함께 운산을 즐기는 이가 없는데
나만 홀로 운산의 그윽함을 즐기네

일 년 삼백예순 날 운산만 대하면
근심 하나 없다네.

雲山歌

青山上白雲白　　白雲中青山青
我欲隨雲住青山　　白雲爲關青山扃
松風蕭瑟月滿壑　　放身太臥青山頭
要與白雲同坐臥　　白雲亦不爲我留
雲爲何事久不留　　或被淸風散須臾
行盡太虛[2]興雨潤　　物化我心忽然隨

---

1) 사실은 청풍(淸風)이 구름을 몰고 가겠지만, 여기서는 구름이 청풍을 몬다고 사실을 왜곡(歪曲)해 역(逆)으로 표현하고 있다. 이것은 평범한 일상적 표현에 참신감을 주기 위한 표현상의 한 재치 있는 기법(技法)이다.

雲駁淸風江山處處　好相過 好相過好相過
明月滄波戱白鷗　山默默雲悠悠
無人共我雲山樂　我能獨戱雲山幽
一年三百六旬日　長對雲山無一愁

2) 우리는 통념적으로 '태허'를 '하늘'이라고 하지만, 괄허대사(括虛大師)는 '태허'는 '우주의 근원(根源)', '우주의 대원기(大元氣)' 또는 '기(氣)의 본체(本體)'로 보고 이 기(氣)가 응집 과정을 거친 '행진태허(行盡太虛)'를 곧 색상(色相)인 우리의 통념적 '하늘'로 표현하고 있음.

운산의 즐거움

운산에 홀로 앉아 한 곡조를 부르면
노래 따라 다시 끝없는 즐거움이 넘치네[1)]

스스로 부르고 스스로 즐거움은 무슨 일인고
천명을 아는 즐거움은 무위락[2)]인데

어찌 스스로의 노래로 스스로 즐거운고
스스로의 노래로 스스로 즐거움은 나도 모르네

구름도 산도 모두 무심한데
내가 그 중에 있어 무심중에 노래하네.

雲山樂

獨坐雲山歌一曲　　曲中更有無窮樂
自歌自樂何所爲　　樂天知命無爲樂
胡爲自歌還自樂　　吾亦不知自樂樂
雲方山方各無心　　我在其中無心樂

---

1) '노래따라 즐거움이 넘친다'는 것은 사실은 '즐겁기 때문에 노래가 저절로 흘러나온다'는 것이니, 이것은 반어법(反語法 : irony)이나 역설법(逆說法 : paradox)과는 다른 또 하나의 전술법(轉述法)이다. 뒤의 연들도 마찬가지다.
2) 자연 그대로 두어 인위를 가하지 아니함에서 얻는 즐거움[老莊思想]. 인연에 의하여 만들어진 것에서 떠나고 생멸변화(生滅變化)를 떠남에서 얻는 즐거움[佛敎思想].

꿈과 근심을 노래함

꿈[1]속에서 꿈속 일을
말하지 말게나

꿈이 가면 꿈이 오고
꿈은 쉬지를 아니하네

근심[2]하면서 근심 중에 있는 말을
말하지 말게나

근심이 가면 근심이 오고
근심이 다시 근심이 된다네

夢愁吟

夢裏莫言夢裏事
夢去夢來夢不休
愁中莫說愁中語
愁去愁來愁復愁

---

1) 속세에서의 '야망(野望)'과 '작위(作爲)'를 말함.
2) '야망'과 '작위(作爲)'에서 오는 '고통(苦痛)'과 '고뇌(苦惱)'. 허욕(虛慾)을 경계하고 마음의 평화를 누리라는 노래. 곧 무위락(無爲樂)을 노래함.

종풍[1]을 노래함

여기 하나의
물건이 있네

이것을 형용(形容)하기가 어렵고
눈여겨보아도 알기가 어렵다네

영묘한 운용(運用)을 생각하기가 어렵고
신통한 용력(用力)을 헤아리기는 더욱 어렵다네

태어남이 이미 시작이 아니요
멸한다고 어찌 끝남이 있는가

천 번을 변해도 오히려 움직임이 없고
만 번을 변해도 영원히 바뀜이 없다네

삼재[2]를 지은 조물주가 처음에
만법[3]을 으뜸으로 하고

넓게는 수미산[4]의 크기를 포함하되

---

1) 종파(宗派)의 풍습(風習) 또는 기풍(氣風).
2) 우주(宇宙)의 중요한 존재인 천(天)·지(地)·인(人).
3) 우주 안의 온갖 법도. 물질 및 정신적인 일체의 존재. 제법(諸法).
4) 수미산(須彌山) : 불교의 세계설(世界說)에서, 세계의 한가운데에 높이 솟아있다고

작게는 팔방의 허(虛)의 언저리로 하였으니

하늘과 땅이 그 가운데 있고
해와 달이 그 손아귀 안에 간직되었네

밖으로 보아도 채[盈]지 않아 여유 있고
안으로 보아도 쌓아 모은 것이 없다네

심히 어두웠다가 다시 아주 밝아지면
허적(虛寂)[5]이 다시 역력하지만

은은히 보고 은은히 들으려 할 때
이것을 찾아보아도 자취가 없다네

또렷또렷 내려다보고 쳐다보는 사이
불러보아도 대답도 없다네

자타(自他)와 고금을 일관(一貫)하고
장단(長短)과 온 국면(局面)을 통하여

기(氣)를 부리면 하늘을 놀라게 하고

하는 산. 꼭대기에는 제석천왕(帝釋天王)이 살고 중턱에는 사천왕이 살고 있는데, 수면에서의 높이와 깊이, 가로의 넓이와 길이가 모두 8만 유순(由旬)이라고 한다. 모두가 사보(四寶)로 이루어져 북쪽은 황금, 동쪽은 백은, 남쪽은 유리, 서쪽은 파리인데 달과 해가 그 주위를 회전하여 보광(寶光)을 반영시켜 사방의 허공을 물들이고 있다고 함. 여기서는 온 세상, 우주의 뜻.

5) 태허(太虛)의 텅 비어 적적함.

위세를 떨치면 땅을 갈라지게 한다네

가벼우면 홍모(鴻毛)와 같고
무거우면 태산과 같으며

빠르기는 반짝하는 전광과 같고
시새우기는 갑자기 번드쳐 내리는 폭우와도 같다네

깊게도 하고 얕게도 하며
맑게도 하고 흐리게도 한다네

선악(善惡)으로 고락을 받으니
승침(昇沈)하여 천국에도 지옥에도 간다네

노여워하는 자는 수라계[6]에 떨어지고
탐욕을 부리는 자는 귀신과 짐승으로 태어난다네

삼천제불(三千諸佛)의 어머니를
팔만 사천 법 중의 얼굴로 하여

공인(工人) · 상인(商人) · 선비(士)로 고쳐 만들고
공작(公爵) · 후작(侯爵) · 백작(伯爵)으로 다시 뒤쳐 만든다네

그래도 물물이 서로 닮아

6) 교만과 시기심이 많은 사람이 가는 악귀(惡鬼)의 세계. 항상 전쟁이 그치지 아니한다고 함.

하나하나 모두가 발이 갖추어져 있고

시끄러이 떠드는 소리가 번거로우나
여럿의 형색이 명확히 고르다네

기운차게 물을 튀기는 수중의 물고기
소나무 위를 훨훨 날아오르는 학

앵무새의 노래를 버드나무 선 언덕으로 보내면
꽃 빛이 봄 길을 연다네

거미가 공교로이 그물을 맺고
사마귀가 알을 굴려 재촉하면

보금자리에 드는 것은 바람을 점치고
동굴에 드는 것은 비오기를 점친다네

학의 다리는 길고 오리의 다리는 짧으며
백로는 희고 까마귀는 검으니

이름들이 묘하나 이 온갖 법(法)들이
종풍력(宗風力)[7]이 아닌 것이 없다네

석가모니[8]께서 종풍(宗風)을 보이시니

---

7) 종풍(宗風)의 법력(法力).
8) 황면(黃面) : 석가모니 부처님의 얼굴.

영취산(靈鷲山)[9]에 앉으셔서 연꽃을 들으셨고

달마대사가 현묘한 취지(趣旨)를 창도(倡道)하니
소림(少林)[10]에서 면벽(面壁)하여 좌선(坐禪)하였다네

가섭(迦葉)[11]의 마음에는 등불을 켜시고
아난(阿難)[12]의 배[腹][13]에는 가르침을 쏟아 부으셨다네

정명(淨名)[14]은 이것을 가지고
비야리(毘耶離)[15]에서 종일 묵념(默念)하였고

현사(玄沙)[16]스님이 통봉(痛棒)[17]으로 가리키되

---

9) 석가모니 부처님이 『법화경(法華經)』과 『무량수경(無量壽經)』을 설(說)하였던 곳. 성도(成道) 후의 45년(혹은 49) 설법기간 중 25년 간을 이곳에서 교화하였음. 암석이 독수리를 닮았고 또 독수리가 많이 서식하였다고 함.
10) 소림굴(少林窟) 또는 소림사(少林寺)라 일컬음. 달마대사(達摩大師)가 9년 동안 벽면(壁面)하여 도를 깨달은 곳.
11) 석가의 십대제자 중의 상수제자. 마하가섭(摩訶迦葉). 의역하여 대음광(大飮光), 대구씨(大龜氏)라고 함. 제일의 성자로서 500명 아라한의 우두머리가 되어 아난(阿難)과 우바리(優婆離)로 하여금 경(經)과 율(律)을 결집하게 함.
12) 아난다(阿難陀) : 석가모니의 십대 제자 중의 한 사람. 석가모니를 항상 모시던 사람으로 견문이 넓고 기억력이 좋아 부처님이 열반하신 후에 경전의 대부분은 그의 기억에 의해 송출(誦出)하여 결집(結集)되었다고 함. 여인출가(女人出家)의 문을 열도록 부처님을 설득하기도 하였음.
13) 배[腹] : 마음속. 심중(心中).
14) 정명(淨名) : 유마(維摩)의 의역(意譯). 여기서는 곧 유마거사(維摩居士)를 일컬음.
15) 인도의 갠지스강(江)의 북쪽 땅으로 유마거사(維摩居士)가 여기 살았으며 석가모니 부처님이 『유마경』을 설(說)하신 곳임.
16) 중국 당나라 말기 '자타무이(自他無二)'의 현전화(現前化)를 수행(修行)한 선종의 스님(835~908).
17) 좌선(坐禪)할 때 스승이 마음의 안정을 잡지 못하는 사람을 징벌하는 데 쓰는 회초리. 통봉(痛棒)은 방망이. 통봉(痛棒)은 회초리. 뼈아픈 꾸지람.

석녀(石女)가 어두워 아! 애석하도다

수료(水潦)[18]스님이 짓밟혀 넘어지고
목인(木人)[19]이 깔깔 웃으며 박수를 치며

이우(泥牛)[20]가 바다 밑으로 들어가고
철마(鐵馬)[21]가 성곽(城郭)에 부딪친다네

거북이의 털 붓[筆]으로 고양이를 그리고
토끼의 뿔로 도둑을 쏜다네[22]

이농(耳聾)이 백장청규(百丈淸規[23])를 생각하며
토설(吐舌)하니 황벽(黃壁)[24]이 기억나는데

이것은 무슨 법이던고
본지(本地)[25]풍광(風光)[26]이 지음일세

---

18) 중국의 선종(禪宗) 스님.
19) 목우(木偶) : 나무로 만든 사람의 형상. 목상(木像). 목인(木人).
20) 진흙으로 만든 소. 옛날, 입춘 전날에 이우를 만들어 제사지냈음. 이우입해(泥牛入海) : 이우(泥牛)가 바다에 들어간다는 뜻으로, '한번 가면 돌아오지 않음'을 비유하여 이르는 말. 화두(話頭)의 하나.
21) 무장한 말. 쇠처럼 강한 군마(軍馬). 풍경(風磬).
22) 본 연과 위의 몇 연의 내용은 현실적으로는 불합리한 것 같지만 이것은 모두 선도(禪道)에 달통(達通)한 경우의 진리(眞理)이다. 그리고 선종(禪宗)에서 참선자가 수행하면서 연구하는 과제인 '화두(話頭)'이며 또 수행자의 마음을 연마하기 위하여 과하는 시험문제인 '공안(公案)'이다. 화두≒공안≒고칙(古則).
23) 중국 선종(禪宗)의 의식과 규율을 정한 책. 백장산(百丈山)의 회해(懷海)가 만든 것인데, 후에 원(元)나라 순종(順宗)의 명으로 청규(淸規)를 집대성하였음.
24) 황벽종(黃檗宗) : 중국 황벽산(黃壁山)의 희운선사(希運禪師)가 비롯한 선종(禪宗)의 한 종파(宗派).

봄바람은 높낮이를 가리지 않으나
꽃나무는 스스로 자라고 스스로 움츠리듯

도(道)에 이름에는 멀고 가까움이 없으나
사람의 근성에는 지금과 옛날이 다르다네

일은 비록 천차만별일지라도
사리(事理)는 오직 한 묶음이니

그릇이 금이면 그릇그릇이 금이요
조각이 나무면 조각조각이 나무라네

마니(摩尼)[27]는 티끌에서도 더러워지지 않으며
연꽃은 물에서도 물이 묻지 않으니

도(道)가 어찌 멀다고만 하겠는가
모두가 나한테 있어서 가히 얻을 수가 있는 것일세

선가(禪家)의 여러 조사(祖師)들은
이 법(法)을 서로 다듬는다네

깨달음에는 쉽고 어려움과

---

25) 불보살이 중생제도를 위해 임시로 나타난 수적신(垂迹身)에 대해 그 진실신(眞實身)인 불보살을 이름.
26) 덕화(德化)가 빛남. 또는 빛나는 덕화.
27) 악을 제거하고 흐린 물을 맑게 하여 염화(炎禍)를 없애는 공덕이 있다는 보주(寶珠).

어리석음과 지혜로움이 있어 빠르고 늦음이 있으나

미혹(迷惑)함은 여러 겁(劫)을 지나가고
깨달음은 일순간에 온다네

옛날에는 미혹(迷惑)한 무리가 있었고[28)]
지금에는 부처님을 버리는 자가 있으니

밝은 구슬로 물고기 눈을 만들고
수주대토(守株待兎)[29)]하며 엎드려만 있는 것일세

저 영특한 사람들이 오히려
일용(日用)에는 어두우니

연못 바닥에 잠긴 달 그림자 같아
잡으려 하나 잡지를 못한다네

소리가 가야금 위에 있지 않아
가야금이 아닌데다 손가락조차 닿지 않는다네

조금은 움직일 생각이나

---

28) 석가모니 부처님이 이 세상에 태어나기 수십만 겁 전의 본생담(本生譚). 보살로서 임금이 되었던 석가가 동생에게 임금자리를 물려주고 옷을 바꿔 입은 뒤 감자원(甘蔗園)에 정사(精舍)를 짓고 혼자 앉아 수도하고 있었다. 이때 마침 도둑 떼가 그곳을 지나갔는데 보살 석가가 도둑으로 오해를 받아 동생의 신하들에 의해 나무에 꿰어 성명(性命)을 마쳤다는 고사(故事)와 관련됨.

29) 구습(舊習)을 고수(固守)하여 변통할 줄 모름을 이름. 또 진보가 없음의 비유.

하늘과 땅 차이일세

공(空)[30]이냐 공(空)이 아니냐 하기에[31]
나를 제도(濟度)하지 못한다네.

宗風曲

一物在於此　難形亦難目
妙用不可思　神力尤難測
生也旣無始　滅也何有極
千變猶不動　萬化長不革
三才作主初　萬法爲王卓
廣包須彌大　細八隣虛側
乾坤在其中　日月藏其握
外望無盈餘　內窺無聚積
痴暗復明明　虛寂還歷歷
隱隱視聽際　覓之不見跡
昭昭俯仰間　呼之不應諾
自他貫古今　長短兼通局
用氣俾天驚　振威令地坼
輕則等鴻毛　重則如泰岳
速如閃電光　疾若飄迅瀑
能深又能淺　能淸又能濁
善惡受苦樂　昇沉往天獄
嗔恚墮修羅　貪慾生鬼畜
三千諸佛母[32]　八萬法中脉

30) 중생(衆生)이나 제법(諸法)이 모두 인연으로 말미암아 임시적으로 화합하여 된 것이므로 따로 불변의 실체가 없음. 또는 공문(空門). 곧 공문에의 입문(入門).
31) '의혹(疑惑)하기에'의 뜻.

變作工商士　　飜成公侯伯
物物猶彷佛　　頭頭皆具足
喧喧雜衆聲　　的的均諸色
潑潑水中魚　　翩翩松上鶴
鶯聲送柳岸　　花色開春陌
蜘蛛結網巧　　螳螂轉丸促
巢者風可占　　穴者雨可卜
鶴長鳧則短　　鷺白烏之黑
此名妙萬法　　莫非宗風力
黃面示宗風　　拈花坐靈鷲
碧眼[33]倡玄旨　　少林長面壁
燈點迦葉心　　敎瀉阿難腹
淨名持此物　　毘耶終日默
玄沙痛棒指　　石女暗嗟惜
水潦被踏倒　　木人呵呵拍
泥牛入海底　　鐵馬衝城郭
畫猫筆龜毛　　射賊方兎角
耳聾思百丈　　吐舌憶黃蘗
不知是何法　　本地風光作
春風無高下　　花木自長縮
至道無遐邇　　人根有今昔
事則雖千差　　理觀惟一束
器金器器金　　片木片片木
摩尼塵不染　　蓮花水不着
道何云遠哉　　在我皆可得

---

32) 삼천대천세계(三千大千世界)의 어머니[母] 또는 법[模]. 과거세의 일천불, 현재세의 일천불, 미래세의 일천불의 어머니[母] 또는 법[模]. 모(母)=모(模).
33) 달마(達磨) 대사의 별칭(別稱).

禪家諸祖師　此法相彫琢
然有悟易難　愚智分遲速
迷來經多劫　悟來一瞬息
昔有迷頭輩　今有捨父客
明珠作魚目　守株待兎伏
彼彼諸含靈　日用猶不識
比如潭底月　欲捉不能捉
聲在琴上否　非琴非指觸
毫氂有動念　差之天地隔
空耶不空耶　所以吾不度

채정선자에게

적막한 가을 산중에서
홀로 앉아 저녁 해를 바라보고 있었네

빈 뜰에는 까치소리뿐이더니
갑자기 들려오는 사립문 두드리는 소리

급히 나가 맞으니
자네는 문 앞에 다가와 절을 하였네

오랫동안 꾸짖어도 들어오지 않고
대답도 없이 마음으로 스스로 부끄러워했네

기웃거리다가 곧 되돌아가니
돌이켜 느껴보고 마음으로 서러웠네

노승은 가난하여 가진 것이 없어
다만 앞으로 마음의 구슬을 전하려 하는데

이것이 진실로 나의 구곡간장[1]이 아니던가
꿀[2]인데도 개미를 부려 구멍 뚫기가 어렵구나

---

1) 원한(怨恨)이나 상심(傷心)이 굽이굽이 쌓인 마음속. 가슴속에 깊이 '맺힌 마음'을 비유.

지름길은 높은 곳에 있지 아니하고 조그마한 구슬에 있는데
어찌 승(乘)[3]의 앞뒤를 다투는고

머리에 묶지 아니하는 명주를
누가 능히 메마른 내[4]에서 주울 것인가

용녀[5]의 것[6]이 아닌 구슬[7]을
누가 능히 부처님 전에 올릴 것인가[8]

모두가 이 한 개의 구슬을
오음(五陰)[9]의 산중에서 얻었으니

공덕(功德)을 헤아려 생각하기가 어렵고
신비로운 운용(運用)이 무궁하여 예측하기가 어렵다네

형태가 없고 색깔이 없어
구멍내기가 어렵고 끈에 꿰기도 어렵다네

---

2) '달콤한 수도의 길'을 비유.
3) 불교의 교의(敎義). 중생을 태워서 생사의 고해를 떠나 열반(涅槃)의 피안(彼岸)에 들게 한다는 뜻. 대승(大乘)과 소승(小乘)의 구별이 있음.
4) '사바세계(娑婆世界)'를 비유.
5) 용(龍)의 딸. 용궁에 산다는 선녀. 현녀(賢女).
6) 용녀의 것 : 용녀의 장식용 구슬. 또는 남이 이미 소유하고 있는 구슬을 대유(代喩)하고 있다고도 볼 수가 있음.
7) 진리(眞理), 진여(眞如), 진제(眞諦), 진실(眞實) 등의 득도(得道)에서 얻은 참 보물.
8) 이 연과 앞 연에서는 개개인이 스스로의 마음으로 진실한 득도(得道)를 해야 함을 비유해서 표현하고 있음.
9) 오음(五陰)=오온(五蘊) : 물질 · 정신을 다섯으로 나눈 색(色 - 물질 · 육체) · 수(受 - 감각 · 지각) · 상(想 - 개념 구성) · 행(行 - 의지 · 기억) · 식(識 - 순수의식).

미세한 곳의 티끌 하나도 넓고 큰 태청[10]이 싸안아
반짝반짝 빛나고 흠 하나 없다네

신령하고 영묘하여 스스로는 알지만
은은히 굽어보고 쳐다보는 곳에서 소명하게 보고들을 때

천고의 세월도 오래지 않고
만 번을 변해도 변함이 없다네

팔방(八方)에서 뛰쳐나와 서로 좇아
안팎으로 찾아보아도 볼 수가 없고

본래부터 길고 짧음이 없으며
곳에 따라 빛깔이 나타날 뿐이라네

인천(人天)[11]도 이렇게 얻었으며
부처님도 저 공덕을 빌어서일세

자네는 받아들이되 삼가 스스로를 지키고
어리석은 사람의 말을 듣지 말게나

품질 높은 제호미[12]가

---

10) 태청(太淸) : 하늘. 천도(天道).
11) 사람과 하늘. 인도(人道)와 천도(天道). 인간계와 천상계.
12) 오미(五味)의 다섯째. 제호(醍醐)가 우유를 정제한 자양이 풍부한 음식인 데서, '최상 지극한 정법(正法)' 또는 '불성(佛性)'에 비유함.

독이 될까 두렵네

자네는 변화씨[13]를 보게나
옥돌을 안고 스스로 발목을 베었네

또 진나라의 소왕[14]을 보게나
몇 번이나 노란 진흙으로 옥을 갈아 다듬었던가를

다만 훗날 이 영특한 구슬이
은밀히 회광반조[15]하여

불조(佛祖)의 가피(加被)[16]를 얻었을 때
용과 하늘이 반드시 나타나 도왔다네

세상에서 인생 백 년 동안 보물(寶物)[17]만을
헤아리다 끝난다면 모두 불합리하여

내가 지금 자네에게 준 것이
자네로 하여금 옛사람으로 되돌아가게 할 것일세.

---

13) 주(周)나라 초왕(楚王)에게 명옥(名玉)을 바쳤다가 가짜라 하여 왼발을 잘리고, 다음 무왕에게 바쳤다가 같은 이유로 오른발을 잘렸는데, 마지막으로 문왕(文王)에게 바치고는 진품으로 인정받았음.
14) 전국시대(戰國時代), 현사(賢士)들을 모아 부국 강변책을 쓰고 진(秦)·초(楚)·삼진(三晋)과 연합하여 부왕대(父王代)의 원수인 제(齊)를 멸망시킴.
15) 회광반조(回光返照) : 회고하고 반성하여 수도(修道)하는 일. 여기서는 '영검(靈劒)하다'의 뜻.
16) 부처님이나 보살이 중생들에게 힘을 주는 일.
17) 재산(財産) 또는 세상의 실리(實利)를 비유해서 나타냄.

示栥定禪子

寂寞秋山中　　獨坐對夕暉
有鵲噪空庭　　忽聞叩柴扉
顚倒出門迎　　爾來門前拜
責以久不來　　不答心自愧
俄而卽歸去　　轉覺心悽然
老僧貧無物　　只將心珠傳
此非眞九曲　　蜜蟻用難穿
非魏徑寸珠　　何論乘後先
亦非髻明珠　　誰能拾赤川
亦非龍女珠　　誰能獻佛前
盖此一箇珠　　五陰山中得
功德量難思　　神用窮不測
無形亦無色　　難孔亦難纓
纖纖處一塵　　浩浩包太淸
烱烱無玷埃　　靈靈有自知
隱隱俯仰處　　昭昭視聽時
千古猶不古　　萬變終不變
出八鎭相隨　　內外尋不見
本來非長短　　隨處現靑紅
人天由此得　　佛祖借伊功
爾受愼自守　　莫向痴人說
上品醍醐味　　恐飜成毒孽
爾見卞和氏　　抱璞自刖足
更看秦昭王　　幾碎堇完璧
但將此靈珠　　密密回光照
佛祖應加被　　龍天必來護
世間百年寶　　筭盡皆不合
我之今所贈　　令爾古人及

청산 마을

청산 마을을 흰구름으로 닫아 놓고
오사모[1]와 흰 고깔[2]이 단풍 숲 아래 마주 앉았네
유도의 사서는 공이 이미 설파(說破)했고
선가(禪家)의 삼교[3]에는 내가 벙어리가 아닐세.

次呂公韻[4]

青山鄕白雲杜
烏紗與白弁　坐對楓林下
儒道四書公已說
禪家三敎我無啞

---

1) 벼슬아치들이 쓰는 모자. 여기서는 곧 '벼슬아치'를 일컬음.
2) 흔히 상좌(上佐)스님들이 쓰는 건(巾)의 한 가지. 여기서는 '스님'을 이름.
3) 삼교(三敎) : 삼장교(三藏敎). 경(經)과 율(律)과 논(論)에 설파(說破)된 석가모니 일대(一代)의 교법(敎法).
4) 글제 풀이 : 여공(呂公)의 시에 화답함.

늦은 봄

떨어진 꽃잎은 천 조각 만 조각인데
깊숙이 숨은 새는 기이한 소리로 입도 가볍네
산 사슴은 뜻이 있어 산에 와서 머무는데
노승(老僧)은 홀로 앉아 무심도 하네.[1)]

暮春

落花千點萬片　幽鳥輕語奇音
山鹿有意來宿　老僧獨坐無心

1) 여기서, 노승의 무심은 가는 봄에 대한 무심이요 외관상의 무심일 뿐이다. 곧 선정(禪定)에 든 모습일 것이다.

담선자[1]에게

일만 가지의 법은 온전한 마음에서 일어나고
일천 개의 파도는 한 방울의 물로 이루어진다네
그 밖의 것이 아님을 안다면
나의 도(道)[2]는 곧 분명하다네.

示淡禪子

萬法全心起　千波一水成
如知非外物　吾道卽分明

1) 참선(參禪)하는 스님. 선종(禪宗)의 스님.
2) 수도(修道). 도를 닦는 일(길).

노음산인에게 부치다

머리를 노음산[1]으로 돌리니
산 밖에 또 산일세
산은 먼데 사람은 보이지 않고
다만 산 구름 돌아오는 것만 보이네.

寄露陰山人

回首露陰山　山外又有山
山遠人不見　但見山雲還

1) 경북 상주시 내서면에 있는 산. 미명(美名)으로는 노악산(露岳山). 남장사가 있음.

금강산에서

몸에는 일곱 근 승복을 걸치고
손에는 석 자 지팡이를 들었네
봄바람 갑자기 돌아가더니
일만 이천 봉이라네.

和凌虛丈室金剛之求語[1)]

身被七斤衲　手携三尺筇
春風忽歸去　一萬二千峯

---

1) 글제 풀이 : 금강산에서 능허스님과 화답함.

원통암[1]에서

암자가 산 높은 언덕에 떠받쳐 있네
본래부터 사립문은 없었네
서너 사람 스님 살며
종일 앉아 속념(俗念)을 잊었다네.

圓通庵

庵架山高處　從來不設扉
居僧三四輩　終日坐忘機[2]

1) 강원도 회양군 금강산에 있는 표훈사의 산내 암자.
2) 機 : 재치기⇒기교(機巧). 거짓기⇒기심(機心). 여기서는 속세의 간교(奸巧)한 마음. 곧 속념(俗念).

구담에서

배가 구담[1] 위에 멈추니
물은 맑고 돌 또한 기이하네
저절로 시가 나와 한 수를 읊고 나니
원숭이와 학이 바로 종자기(鍾子期[2])일세.

龜潭

舟泊龜潭上　潭澄石亦奇
詩成吟一罷　猿鶴是鍾期

1) 충북 충주시 수산면의 구담봉과 옥순봉 사이에 있는 담천(潭川). 지금은 충주호의 상류 일부에 포함되었음.
2) 중국 춘추시대의 초(楚)나라 사람. 거문고의 명수(名手) 백아(伯牙)의 거문고 소리를 듣고 백아의 심정을 잘 헤아렸다고 하며, 종자기가 죽자 백아는 거문고 줄을 끊고 다시는 거문고를 타지 않았다고 함. 따라서 앞 연에서 시를 읊은 작자는 곧 백아(伯牙)가 된다. 고사 '백아절현(伯牙絶絃)' 참조.

마음 바다를 바라보며

홀로 앉아 마음 바다를 바라보네
넓고 먼 아득한 물이 하늘과 맞닿았네
뜬구름은 잔잔하여 움직이지 아니하고
밝은 달[1]만 높이 떠서 만물을 다 비추네.

觀心[2]

獨坐觀心海　茫茫水接天
浮雲無起滅　孤月照三千[3]

---

1) 달(月)≒심월(心月) : 달과 같이 밝은 마음. 도(道)를 깨달은 마음을 달에 비유하여 이르는 말.
2) 관심(觀心)=관심해(觀心海) : 마음 바다를 바라보다.
3) 삼천대천세계(三千大天世界), 즉 우주(宇宙). 모든 것을 다 망라하였다는 뜻. 따라서 '만물'을 나타냄.

오마객

비단에 수를 놓은 가을 산의 풍경
풍경에 취하여 물과 구름 사이에 넘어져 있었네
하늘과 땅 사이 해 저무는 것도 모르고 있었네
오마객[1]이 돌아온들 어찌 내가 알런가.

秋堤坐眠逼五馬客呼韻謝譴[2]

秋山錦繡景　醉倒水雲間
不覺乾坤暮　那知五馬還

1) 태수의 수레를 다섯 필의 말이 끈다고 해서, 곧 '태수'를 이르는 말.
2) 글제 풀이 : 가을 방죽에 앉아 졸고 있을 때 갑자기 다섯 필의 말이 끄는 수레를 탄 손님이 다가와 운(韻)자를 내는데 사양하며 꾸짖음.

설순대사에게

법은 마음 밖의 법이 아니요
마음 또한 법 가운데 마음이지만
심법(心法)은 본래부터 있는 것이 아닌데
법심(法心)을 어찌 전하랴.[1)]

雪淳大師求偈

法非心外法　心是法中心
心法本非有　有何傳法心

1) 심법(心法)은 스스로 깨치는 것이기에 법심(法心)은 가르쳐서 전할 수가 없다는 '선(禪)의 본질(本質)'을 밝히는 시(詩).

안심스님에게

마음은 몸 가운데 주인이로되
몸은 마음 밖의 손님이 아닐세
마음이 편안하면 몸 또한 고요하니
손님과 주인은 이에 서로 친하다네.

安心比丘求偈[1)]

心是身中主　身非心外賓
心安身亦靜　賓主乃相親

---

1) 글제 풀이 : 안심 비구가 게송을 요구하기에.

천마산의 개성암[1]에서

암자는 비구름 위에 열려 있고
사람의 말소리는 반 공중에 떠 있네
삶을 꾀한다는 것은 딴 것이 아닐세
뜰앞의 한 그루 노송(老松)을 보게나.

天摩山開聖庵

庵開雲雨上　人語半空中
活計無他物　庭前一老松

1) 개성(開城) 북쪽의 천마산(天摩山)에 있는 암자.

사람을 대하는 술회[1)]

남을 헐뜯으면 남도 또한 헐뜯고
사물을 잊으면 사물도 함께 잊네
내가 선하면 남들도 선해지고
내가 거스르면 사물들도 거스르네.

因人述懷[2)]

毁人人亦毁　忘物物俱忘
我善人人善　我强物物强

---

1) 술회(述懷) : 마음속에 품고 있는 생각. 생각. 회포(懷抱).
2) 글제 풀이 : 사람을 대하는 술회. 또는 사람으로 인한 술회.

낙수암[1]을 찾아서

오르고 또 오르고 돌길 따라 오르니
은은히 어디선가 종소리 들려 오네
스님 만나 그제야 절을 물으니
저 멀리 손짓하네, 흰구름 걸린 언덕.

訪落水庵

石路登登去　鐘聲隱隱來
逢僧仍問寺　遙指白雲堆

---

1) 경상북도 상주군 외남면 북장사의 산내 암자.

관대에서

하늘 높이 우뚝 솟은 관대에 들어서니
내려다보며 가히 별을 딸 것만 같네
구름을 쓸고 돌베개에 누우니
바람이 신선들의 생황(笙簧)[1] 소리 보내네.

望冠臺[2]

臺入中霄屹　登臨可摘星
掃雲仍枕石　風送紫鸞笙

1) 악기 이름.
2) 글제 풀이 : 관대에서 바라보며.

무주암에 올라

내 별호가 무주인데
이 암자 또한 무주암일세
사람 세상 모두가 머무름이 없으니
이에 곧 진성[1]이 무주[2]로세.

上無住

我號稱無住　是庵亦無住
人境皆無住　是乃眞無住

---

1) 인위적이 아닌, 있는 그대로의 성질. 만물의 본체(本體). 진여(眞如).
2) 머무름이 없음.

이별

해와 달은 호중(壺中)[1]에서 돌고
산과 물은 거울 속에 열렸네
그대는 유수동(流水洞)으로 돌아가고
나는 낙화대(落花臺)에 앉았네.

次別帆健上人[2]

日月壺中轉　山河鏡裏開
君歸流水洞　我坐落花臺

1) 호중(壺中)=호중천(壺中天) : 별천지. 별세계. 선경(仙境).
2) 글제 풀이 : 범건 큰스님과 헤어지며 화답함.

용주 이진사의 시에 화답함

요사이 시(詩)를 전폐(全廢)하고 보니
경거(瓊琚)[1]를 주고받지 못해 부끄럽네
서쪽 봉우리의 달은 다른 날 밤의 달인데
마음과 꿈은 용주(龍州)[2] 땅에 가 있네.

次龍州李上舍韻

近日詩全廢　瓊琚愧未酬
西峯他夜月　魂夢到龍州

---

1) 아름다운 패옥(佩玉). 훌륭한 선물. 여기서는 시(詩)를 비유함.
2) 경북 예천군 '용궁(龍宮)'의 옛 이름.

우연한 제목

흐르는 물은 갈라져 동서를 맡는데
뜬구름은 저절로 일어나 절로 사라지네
물 구름 벗하여 즐겨 노는 늙은이
근심도 즐거움도 분별할 것 없다네.

偶題

流水任東西[1]　浮雲自起滅[2]
逍遙雲水翁[3]　憂樂無分別[4]

---

1) 수작위(水作爲).
2) 운무위(雲無爲)
3) 무분별(無分別).
4) 무우락(無憂樂).

바람과 달

바위 틈에 솟은 샘은 하얀 달을 맞이하고
뜰에 선 잣나무는 맑은 바람 끌어오네
몸은 이리 성색(聲色)[1]에 앉았어도
마음은 성색에 있지 아니하네.[2]

風月

巖泉迎白月　庭柏引淸風
身是坐聲色　心非聲色中

---

1) 말소리와 얼굴빛. 언어와 태도. 노래와 여색. 여기서는 욕계(欲界)의 아름답고 유혹적인 현상세계(現象世界).

2) 이 시는 아름답고 유혹적인 풍월 속에서도 욕계(欲界)를 떠날 수 있는 심경(心境)을 노래하고 있다. 나아가서는 곧 무아지경(無我之境)을 노래하고 있는지도 모른다.

초당

새벽 마을엔 가을 구름이 밝아 오고
서쪽 봉우리엔 지던 달이 걸려 있네
가벼운 한 잠의 꿈결인 듯
초당[1] 앞으로 발걸음이 자주 이르네.

次小山草堂韻[2]

曉洞秋雲曙　西峯落月懸
飄然一枕夢　頻到草堂前

1) 집의 원채 밖에 억새나 짚 같은 것으로 지붕을 이은 조그마한 집채.
2) 글제 풀이 : 소산의 초당 시에 화답함.

이별

소매를 너풀거리며 강바람 타고 가네
영(嶺) 마루를 넘는 달 따라 지팡이를 휘저으며 돌아가네
산과 물은 이를 좇아 멀어지고
천리 길을 꿈속의 혼처럼 날아서 가네.

別定惺大師[1)]

袖拂江風去　笻隨嶺月歸
山河從此隔　千里夢魂飛

1) 글제 풀이 : 정성대사와 헤어지며. 함련(頷聯)의 '휘저으며'는 수련(首聯)과 미련(尾聯)의 시적(詩的) 분위기로 보아 자연스러이 추가될 수가 있는 것이다. 때에 따라서는, 한시(漢詩)의 율격상 쓰였을 뿐이고 큰 의미 없이 쓰인 허자(虛字)는 위와는 반대로 번역문에서 생략되는 경우가 있음도 밝혀 두는 바이다.

강서의 최처사를 찾아가

옥동에는 흐르는 물이 골을 울리고
산가(山家)의 뜰에는 떨어진 꽃잎이 가득하네
밤마다 꾸는 그대의 꿈을 알겠거니
응당히 그대는 무릉[1]가(武陵家)에 이를 것이네.

訪江西崔處士

玉洞鳴流水　山庭滿落花
知君夜夜夢　應到武陵家

---

1) 무릉(武陵) : 신선이 살았다는 중국의 전설상의 명승지.

금강산 풍경

금강산 풍경은 묻지를 말게나
금강산 풍경은 내 마음에 있네
금강산 풍경을 구태여 말하면
백옥(白玉)이 천 길을 솟았고
은옥(銀玉)의 뼈다귀가 우뚝우뚝 솟았는데
맑고 밝은 여러 옥빛이 저마다 찬란하다네
삼군(三軍)이 해적 소식을 듣고
모두 나와 치켜든 칼끝이라네.

送淨心禪子之金剛山[1)]

莫門金剛景　金剛是我心
强說金剛景　白玉聳千尋
矗矗銀璆骨　瑩瑩璧璐光
三軍聞海賊　箇箇露鋒鋩

1) 글제 풀이 : 정심선자를 금강산에 보내며.

사우정[1]

달이 소나무에 앉으니 벗이 되고
바람이 창에 드니 대나무가 이웃을 삼네
달과 소나무, 바람과 대나무
이 네 벗이 내 몸을 더한다[2]네.

題四友亭[3]

月榻松爲伴　風牕竹作隣
松風兼竹月　四友益吾身

---

1) 경상북도 문경시 산양면 송죽리(松竹里)에 있던 괄허스님의 속가(俗家)의 옛 정자. 송죽동에는 스님의 속가의 현조(玄祖)인 임란 충의사(壬亂忠義士)요 병조참의를 지낸 죽헌공(竹軒公) 여춘(余春)을 모시는 송죽사(松竹祠)가 있고, 그 옆에 죽헌정(竹軒亭)이 있는데 이 죽헌정이 신축되기 전 이 자리에 있던 정자가 사우정(四友亭)이다.
2) 이 '네 벗'에 '나'를 더하면 '오우(五友)'가 되어 함께 환락(歡樂)한다는 뜻. 이 '네 벗'이 '나의 수신(修身)'을 장양(長養)한다는 뜻.
3) 글제 풀이 : 사우정(四友亭)을 글제로 하여.

강화도 승천포에서

동풍이 불어오는데 북으로 돌아가는 배
십리창파에 한나절을 노니네
스스로 뗏목을 타고 바다를 떠도는 뜻은
자! 어디를 좇고 있는고? 영주(瀛州)[1]를 찾았다네.

江華乘天浦

東風來上北歸舟　十里滄波半日遊
自有乘槎浮海志　卻從何處訪瀛洲

1) 삼신산의 하나. 진시황과 한무제가 불사약을 구하러 사신을 보냈다는 가상적인 선경(仙境).

찬 샘에서 달을 긷다

산 속의 중은 유독 물 속의 달[1]을 사랑해
달 담긴 찬물[2]을 작은 병에 담았네
돌아와 이제 막 돌절구에 쏟으려는데
정 없이 물이 흔들려 달은 자취도 없네.[3]

寒泉汲月

山僧偏愛水中月　和月寒泉納小缾
歸到石龕[4]方瀉出　盡情攪水月無形

1) '물 속의 달'은 '맑고 밝고 고아(高雅)하면서도 조용하고 편안함'의 상징. 곧 지관(止觀). 뒤의 '사랑'은 이것에 대한 '애정(愛情)'과 '소망(所望)'을 나타냄.
2) '찬물'은 '냉철한 마음(理性)'의 상징물이다. 냉철한 마음일지라도 흔들려 지관을 이루지 못하고 보면 모든 것이 그 속에서 사라지는 법이다.
3) 냉철한 마음이 흔들려 지관(止觀)을 이루지 못할 때의 상실(喪失)의 허탈감(虛脫感)을 시의 바닥에 깔고 있음.
4) 돌로 만든 절구. 곧 보장(寶藏)의 그릇 또는 도구.

삼가 청대 권선생 시에 화답함

청대[1]선생께서 복축[2]을 물으신 지가 그 몇 해이던고
초연히 시끄러움 끊는 조용한 방
강호에서도 선생은 나라 걱정하셨고
마음과 꿈은 분명히 일변(日邊[3])에 있었네

산 속의 중은 흰구름 모퉁이서 약을 캐는데
학사[4]님 오셨다고 동자[5]가 말을 전하네
아름다운 옥을 얻어 빛나는 석실[6]을 만들고자 한다며
안개와 노을 짙은 곳에 지팡이를 휘두르시네

교결[7]을 품은 식자(識者)가 그 누구시던고
청풍명월(淸風明月)만이 홀로 알 것인가
선표(仙標[8])로 갑자기 운산(雲山)에서 만나시더니
걱정한 지가 오래되어 금년이 약속한 해일세

---

1) 권상일(權相一) : 조선 숙종 때의 학자 · 문신. 호는 청대(淸臺). 울산부사. 지중추부사(知中樞府使) 역임. 퇴계학을 따름. 저서 : 『초학지남(初學指南)』, 『관서근사록집해(觀書近思錄集解)』, 『역대사초상목(歷代史抄常目)』 등.
2) 복축(卜築) : 살 만한 땅을 가려서 그곳에 집을 지음.
3) 일변(日邊) : 임금의 좌우, 곧 '임금님을 모심'의 뜻.
4) 학사(學士) : 당시 중추원의 종이품 벼슬.
5) 동자(童子) : 사내아이. 출가하지 아니한 사내아이. 부처 · 보살 · 명왕 등을 섬기어 일하는 사람.
6) 석실(石室) : 산중(山中)의 은거하는 방.
7) 교결(皎潔) : 밝고도 맑음. 희고도 깨끗함.
8) 선표(仙標) : 선유(仙遊)를 연유(緣由)로 해서의 뜻.

밝음 가운데 어둠을 숨기고 어둠 가운데 밝음을 숨기는
이 이치는 오직 마음속에 있을 뿐 경전(經典)에는 없다네
만일 내 마음이 명암(明暗)을 겹쳤다면
천만금을 쌓았어도 모두가 헛소리일세.[9]

謹次清臺權先生諱相一韻[10]

卜築淸臺問幾年　　超然靜室絶囂喧
江湖亦有憂君志　　魂夢分明到日邊

山僧採藥白雲限　　童子傳言學士來
欲得瓊琚光石室　　烟霞多處放笻廻

皎潔襟懷識者誰　　淸風明月獨能知
仙標忽遇雲山裏　　陶遠當年托契時

明中藏暗暗中明　　此理惟心不在經
若得吾心明暗裏　　萬千金藏摠虛聲

9) 연작 네 수 중 마지막인 이곳에서는 고결하지 못한 자들을 풍자(諷刺)하면서 청대(淸臺) 선생의 고결(高潔)함을 역설적(逆說的)으로 부각(浮刻)시키고 있음.
10) '휘상일(諱相一)'은 출간할 때 첨가된 것으로 추측됨.

삼가 옥소옹 시에 화답함

불전에서 맑은 밤 잠 못 이루어
참선 등불 높이 걸고 유연히 누워 보면
세상의 무상 인생 꿈결만 같고
금년의 사람 일이 작년과 다르다네

배고프면 노을 먹고 고달프면 잠자고
봉래산[1] 방장[2]을 훨훨 찾아드니
호장용술(虎藏龍術)은 못 풀어도[3]
진환[4] 잊은 지가 십 년일세

동악과 서계 사이 한 수풀을
검은 수건 흰 장삼 푸른 옷깃이
지팡이 하나 의지해 다리 앞을 나서며
삼소[5]하고 혼망[6]하여 고금(古今)을 다 잊었네

---

1) 봉래산(蓬萊山) : 삼신산(三神山)의 하나. 여름철의 '금강산' 이름.
2) 방장(方丈) : 높은 스님의 처소(處所). 또는 높은 스님.
3) 호장용술(虎藏龍術) : 호랑이가 숨고 용이 변덕을 부리는 술법. 이것을 못 푼다는 것은 곧 아직 법문(法門)에 능통하지 못함을 겸허하게 비유하여 표현한 것임.
4) 진환(塵寰) : 티끌 세상. 속세(俗世).
5) 안도(安堵)의 웃음. 중국의 고사 호계삼소(虎溪三笑) : 중국 진(晉)나라 때의 스님인 혜원(慧遠)이 여산(廬山)에 놀러 온 도연명(陶淵明)과 육사정(陸士靜)을 배웅할 때 항상 피해 다니던 호계(虎溪)를 무심중에 건넌 뒤 호랑이 소리를 듣고 세 사람이 함께 안도의 웃음을 크게 웃었다는 고사.
6) 마음이 흐리고 잊어먹음. 긴장했다가 안도(安堵)했을 때 정신을 잃어버림.

길 나서니 산 앞에는 만 갈래의 길일세
학의 옷이 높이 펄럭이니 어디를 가려는고
삼동(三冬)을 한 자리서 갈 곳 없이 부끄러워
억지로 봄바람 따라 송별 시를 쓰노라.

謹次玉所翁韻

佛殿淸宵獨不眠　禪燈高掛臥悠然
在世浮生猶幻夢　今年人事異前年

飢則呑霞困則眠　蓬萊方丈任飄然
雖無解虎藏龍術　不踏塵寰已十年

東岳西溪間一林　烏巾白衲又靑襟
扶笻步出前橋上　三笑渾忘古與今

路出山前分萬岐　鶴衣高拂欲何之
三冬一榻慚無賴　强作春風送別詩

관해루에서 보는 풍경

아침비가 개이니 바다는 안개를 걷고
미풍이 일어나니 물결은 하얀 꽃을 띄우네
푸르고 아득한 한 빛이 푸른 하늘에 이으면
오월(吳越)[1]이 배를 보낸 백로주(白鷺州)[2]라네.

觀海樓卽景

朝雨初晴海霧收
微風乍起浪花浮
蒼茫一色連天碧
吳越行舟白鷺洲

1) 중국 춘추전국시대에 적대관계에 있던 오(吳)나라와 월(越)나라.
2) 백로주(白鷺州)는 중국 양쯔강(揚子江) 가운데 있는 모래톱으로, 사이가 좋지 않던 오(吳)와 월(越)의 군사가 대치하던 곳. 여기서는 많은 배들이 바다 위에 떼지어 있는 모습을 비유해서 표현한 것임.

강촌의 복숭아 꽃

물과 하늘은 한쌍 푸른빛을 먼 공중으로 비추고
띠집 몇 채가 숲속에서 해가 저무네
영묘한 구름 소식 끊겼다고 말하지 말게나
복숭아꽃이 옛날처럼 봄바람에 웃고 있네.[1)]

江村桃花

水天雙碧映遙空　　茅屋數三暮樹中
莫道靈雲消息斷　　桃花依舊笑春風

1) 복숭아꽃 핀 신선들의 비경(秘境)임을 넌지시 나타냄.

만회암[1]에서

옛 절의 빈 뜰에는 푸른 이끼만 자라고
구름 창이 한 번 닫아 일찍 열어 주지를 않네
반 하루를 소요하다 마음 상해 돌아와도
그 어찌 겁회[2]를 물을 중[僧] 한 사람도 없는고?

萬灰庵

古寺空庭長綠苔　雲牕一閉不曾開
逍遙半日還傷感　其奈無僧問劫灰

1) 강원도 회양군 내금강면 장연리 금강산에 있는 표훈사의 산내 암자.
2) 겁회(劫灰) : 세계가 파열할 때에 일어난다는 큰불의 재. 여기서는 만회암(萬灰庵)이 퇴락한 내력.

수미동[1])에서

길이 가시숲으로 드니 골짜기도 끊어지는데
푸른 이끼 미끄러운 돌에 굴러 길 가기가 어렵네
앞으로 가려다 되 물러나고 자주 기우뚱
잡아주는 사람 없고 지팡이 하나뿐일세.

須彌洞

路入荊榛絶峽中　　蒼苔滑石轉難通
欲前還退頻傾側　　扶我無人但一笻

1) 황해도 벽성군에 있는 수양산의 한 골짜기. 수미(須彌)=수미산(須彌山) : 불교의 세계설(世界說)에서 세계의 한가운데 높이 솟아 있다고 하는 산.

백운대[1)]

멀리서 바라보곤 하늘가의 돌을 알아보지 못하고
물러나서는 층층이 백옥을 쌓았다 하네
가다가 물과 구름이 끝난 곳에 이르러 앉으면
일만 천 개의 기이한 모습들이 눈앞에 열어젖뜨리네.

白雲臺

遠觀不識天邊石　　卻謂層層白玉堆
行到水雲窮處坐　　萬千奇狀眼前開

---

1) 중향성(衆香城)을 바라볼 수 있는 내금강의 한 명소.

보덕굴[1]에서

구리기둥 열 층이 벼랑 끝에 붙어 서고
거듭된 철삭[2]의 위험한 난간을 벗어났네
시냇물 흐르며 휘두른 자리를 천 척 벼랑이 드리워
자리 걷으며 살피니 마음이 불안하네.

普德窟

銅柱十層立壁端　　重重鐵索挽危欄
溪流繞榻垂千尺　　撤板深窺意不安

---

1) 강원도 회양군 내금강에 위치한 표훈사의 산내 암자.
2) 철사로 꼬아 만든 줄.

정양사[1]의 헐성루에서

해질 무렵 헐성루 난간에 와 기대면
일만 이천 봉이 저마다 얼굴을 드러내네
옥 같은 얼굴 가져다 속객(俗客)에게 전하지 말게나
풍광은 인간의 시비를 싫어한다네.

正陽寺歇惺樓

夕陽來倚歇惺欄　　萬二千峯各露顔
莫把玉容傳俗客　　風光嫌人是非間

1) 강원도 금강산에 있는 표훈사(表訓寺)의 말사.

송라암[1]에서

칼날바위를 다투듯이 산허리에 꽂아놓고
암자가 산마루에 걸리니 아득하여 오르기가 어렵네
학도 가고 스님도 없이 무려 몇 해이던고
녹음이 짙은 곳에 물소리만 울리네.[2]

松蘿庵

鋒鋩競揷翠微間　　庵掛峯巓杳不攀
鶴去僧空餘幾歲　　綠陰深處水潺湲

1) 강원도 금강산에 있는 표훈사의 산내 암자.
2) 흐르는 물소리를 통해 '흐르는 세월'을 감지(感知)하고 있음. 곧 '흐르는 세월'의 뉘앙스(nuance)를 느낌.

해금강

해당화는 생각이 많아 사람 향해 피었고
백로는 푸른 바다를 가르며 쌍쌍이 돌아오네
흰 돌이 우뚝우뚝 구름바다에 솟으니
멀리서 보면 여기 봉래산[1]을 그렸는가 의심스럽네.

海金剛

棠花多意向人開　　鷺割滄溟兩兩迴
白石嵯峩雲海裏　　遠觀疑是畫蓬萊

---

1) 중국에서 가상적으로 이름 지은 삼신산(三神山)의 하나. 동쪽 바다 가운데 있어서 신선이 살고, 불로초와 불사약이 있다는 영산(靈山). 여름철의 '금강산(金剛山)'을 일컫는 말. 여기서는 앞의 뜻이 강함.

영랑호[1]에서

호수 안엔 햇볕이 따사로워 백로 한가로이 잠들고
맑은 빛은 엉기어 바다 밖 먼 하늘로 이어지네
산 나그네 이르자 어적(漁笛) 소리 일어나니
배를 돌려 영랑호의 옛 신선[2]을 찾고 싶네.

永郎湖

湖中日暖鷺閒眠　　靄色凝連海外天
山客到時漁笛起　　回船欲訪永郎仙

---

1) 강원도 속초시 교외에 있는 호수. 옛날 신라의 국선 영랑(永郎)이 놀았다는 전설이 있음.
2) 신라의 국선(國仙)인 영랑(永郎).

낙산 이정[1]에서 일출을 보며

불 바퀴가 처음 바다 동문으로 나오더니
만 가닥의 붉은 빛이 푸른 하늘을 쏘아 부치네
천지가 밝아 오는 공간 저 멀리 눈을 보내면
구름이 물에서 흩어지며 찬란히도 붉어지네.

洛山梨亭觀日出

火輪初出海門東　　萬縷紅光射碧空
天地虛明遙送目　　雲初散水玲瓏彤

---

1) 강원도 양양군 낙산(洛山)에 있던 정자. 신라 때 낙산사(洛山寺) 창건 당시 의상대사(義湘大師)가 좌선하던 자리라 하여 1926년에 정자를 새로 짓고 의상대(義湘臺)라 하였다고 하니, '이정(梨亭)'은 현재의 의상대를 짓기 이전의 옛 정자 이름인 듯함.

비로봉[1]에서

하늘바람이 나를 높은 봉에 불어 올리면
아지랑이 걷은 먼 하늘 눈앞을 열어주네
장엄한 바다로의 먼 붕정[2]이 뚜렷이 보이고
섬궁[3]에서 채운[4]으로 봉작되었음을 알겠네.

毘盧峯

天風吹我上高峯　　嵐捲長空眼界通
莊海鵬程看歷歷　　蟾宮知在彩雲封[5]

---

1) 금강산의 최고봉.
2) 붕정(鵬程)=붕정 만리(鵬程萬里) : 멀고도 큰 앞길. 과거(科擧) 길의 비유.
3) 달 속에 있다는 궁전. 월궁(月宮). 하늘 나라의 궁전.
4) 채운(彩雲) : 채색 구름. '채운처럼 상서롭고 아름다운 직위'를 비유. 시정(詩情)에 도취된 환상적(幻想的) 분위기를 노래함.
5) 봉(封)=봉작(封爵) : 작위(爵位)나 작품(爵品)을 내려 줌. 제후(諸侯)로 봉(封)하고 관작(官爵)을 줌.

운암[1]에 앉아

무심한 구름은 한가로이 스스로 오가는데
그윽한 사람의 회포를 구름 향해 펼치네
운암엔 오랜 밤 오는 사람 하나 없고
바위 구름만 때때로 높은 대(臺)에 오르네.

坐雲巖

雲自無心閒去來　　幽人懷抱向雲開
雲巖永夕無人到　　時逐岩雲上上臺

1) 하늘을 찌를 듯이 높이 솟은 바위. 금강산에 있는 한 명소.

백련암

백련암[1]이 흰구름 가에 앉았네.
반은 인간 세상이고 반은 하늘 나라일세
진계[2]에서는 수레나 말발굽소리를 듣지 못하는데
세상사람들이 시비 전하는 소리를 어찌 듣겠는가.

白蓮庵

白蓮庵在白雲邊　半是人間半是天
眞界未聞車馬響　世人那得是非傳

1) 금강산에 있던 유점사(楡岾寺)의 산내 암자.
2) 진계(眞界) : (욕심으로 가득 찬 속된 세상을 떠난) 참된 세계. 여기서는 곧 '백련암'을 이름.

해인스님에게

띠집에서 앓아 누운 지가 오래인데
어찌 한 벌 승복으로 와서 내 시(詩)를 찾는고
산중 누각 위에 마주함만 못하이
외로운 구름을 고요히 보게나
산굴에서 기묘히도 빠져 나오네.

贈海印僧

病臥茅廬歲月遲　何來一衲索吾詩
不如對坐山樓上　靜看孤雲出岫奇

홍눌대사와 헤어지며

서로 만났다 헤어진 지가 그 얼마나 되던고
헤어진 지 아득하니 백발이 되려 하네
떠날 자리에선 여주곡[1]을 부르지 말게나
하늘 밖으로 돌아가는 기러기가
또 객수(客愁)[2]를 돋운다네.

別洪訥大師

相逢相別幾悠悠　逢別悠悠欲白頭
離筵莫唱驪驅曲　天外歸鴻又客愁

1) 송별(送別)할 때 부르는 노래. 송별곡(送別曲).
2) 객지(客地)에서 느끼는 수심(愁心). 여수(旅愁). 객한(客恨). 기수(羇愁).

병을 안고 산으로 돌아오다

병든 몸 헤어지며 한탄을 했네
의원 찾고 약 구하며 강나루를 달렸네
돌아오니 벌써 산꽃은 떨어지고
봄바람 헛쐰 지가 봄날 아흔 날일세.

扶病歸山

可歎支離一病身　　尋醫求藥走江津
歸來已見山花落　　虛負東風九十春

김처사의 축운[1]에 화답함

도는 끊어지고 모습만 단정한데 어찌 이름이 있겠나
이름도 짓기 어려운데 도에 어찌 이름을 붙이겠나
파도는 물에서 일어나 물로 되돌아와
파도와 물은 서로 의지하기에 억지로 이름을 붙인다네.[2]

次金處士軸韻

道絶形端豈有名　名猶難作道何名
波因水起波還水　波水相依强有名

1) 두루마리에 적은 시. 곧 시축(詩軸).
2) '파도'는 '현상'을, '물'은 '본체'를 가리키지만 수도(修道)에서는 서로 떼어놓을 수가 없는 관계임을 은연중에 시사하고 있음.

한 둥근 모습

능히 넓고, 능히 깊기는 큰 바다와 같고
더함이 없고 덞이 없음은 허공과 같다네
때때로 자상히 회광반조(回光返照)[1]하면
심[2]이 스스로 공[3]할 때 경[4]도 스스로 공하다네.

一圓相[5]

能廣能深如大海　　無增無減若虛空
時時密密回光照　　心自空時境自空

---

1) 회광반조(回光返照) : 회고(回顧)하고 반성(反省)하여 수도(修道)함. 또는 영검(靈驗)함.
2) 심(心) : 중심(中心). 도(道)의 근원. 진수(眞髓) 제경(諸經) 중에서 일체의 요의(要義)를 모은 것.
3) 공(空) : 공허(空虛)하다. 중생(衆生)이나 제법(諸法)이 모두 인연(因緣)으로 말미암아 일시적으로 화합(和合)하여 이루어진 것이므로 따로 불변(不變)의 실체(實體)가 없음.
4) 경(境) : 경계(境界). 계역(界域). 경계(境界) : 인과(因果)의 이치(理致)에 따라 제가 스스로 받는 경우(境遇).
5) 일원상(一圓相)=원상(圓相) : 선종(禪宗)에서 완전·원만의 상(相)으로써 깨달음의 표상(表象)으로 나타내는 둥근 형상. 만다라(曼荼羅)에서 부처·보살의 상(相)을 둘러싸고 있는 원륜(圓輪).

정석사의 세 '한(閒)'자 운에 화답함

신선의 자취에 감사하니 세상 밖이라 한가롭네
별천지라서 태평도 하니 지팡이 끝이 한가롭네
말이 없는 흰 누더기[1]는 원래 일이 없는데
다스리는 산구름들만이 잠시도 아니 한가롭네.

次鄭碩士三閒字

多謝仙蹤世外閑　　別區烟月杖頭閒
休言白衲元無事　　管領山雲不暫閑

1) 흰 누더기 : 직위나 임무를 맞지 않은 자유로운 몸.

생각 따라 읊음

명리(名利)에 고개 저어도 할 일이 많아
연하(煙霞)[1]에 몸 숨기니 집 한 간일세
마음이 꿈에도 진세(塵世)[2]에는 없었고
청산이 티끌 세상 떠남을 비로소 알았네

일생의 발자취가 청산에만 있었고
바위 아래 사립문은 밤에도 열어두네
동쪽 숲에 깃들은 늙은 학아! 부탁하나니
인간에게 그윽한 흥을 끌어주지 말게나.[3]

謾吟

掉頭名利事多般　　屛跡烟霞屋一間
魂夢不曾塵世到　　始知塵世隔靑山

一生蹤跡但靑山　　岩下柴扉夜不關
寄語東林棲老鶴　　莫牽幽興向人間

---

1) 연하(煙霞) : 고요한 산수(山水)의 경치. 곧 아름다운 자연을 대유(代喩)함.
2) 진세(塵世) : 티끌 세상. 속세(俗世).
3) 나와 인간들에게 많은 흥을 끌어주고 있다는 반어(反語)적 표현. 곧 학처럼 고아하게 살고 싶은 심정을 표현하고 있다.
[참고] 앞 연과 본 연에서는 중국 명나라 말의 정의파 정당인 동림당(東林黨)의 노숙(老熟)들에 대한 은근한 동경심을 나타낸다고 확대 이해해 볼 수가 있으나 그것은 언어의 뉘앙스일 뿐이다. 그것을 너무 강조하면 학처럼 깨끗하고 고아하게 살아가려는 순수시정을 깨뜨릴 염려가 있다.

염불

염불에서는 먼저 망상심[1]을 없애고
때에 따라 완급을 거문고 고르듯이 하면
소리 소리가 곧 진여[2]에 부합하고
마침내는 혼연[3]하여 고금을 잊는다네.

念佛

念佛先除妄相心　　隨時緩急若調琴
聲聲直與眞如合　　畢竟渾忘古與今

1) 망상심(妄相心) : ≒망심(妄心) : 망령(妄靈)된 마음. 미망(迷妄)한 마음. 무명(無明)의 마음. 망상(妄想) : 이치에 맞지 않는 망령된 생각. 낭지(浪志). 망념(妄念).
2) 진여(眞如) : 진실여상(眞實如常)의 뜻. 우주 만유(萬有)의 실체로서 현실적이며 평등 무차별한 절대의 진리. 진제(眞諦). 실상(實相).
3) 혼연(渾然) : 사물이 융합되어 차별이 없음.

두타[1]를 마음으로 훈계하다

잘못은 마음에 있고 몸에 있지 아니하네
몸을 채찍질함이 어찌 진실로 마음을 꾸중함만 같은가
마음을 항상 꾸짖는다고
미워하느니 사랑하느니 말하지 말게나
이것이 곧 사람 가운데 첫째 사람이라네.

誡示心頭陀

過失在心不在身　　鞭身何似責心眞
勿論憎愛心常責　　是乃人中第一人

---

1) 두타(頭陀) : 번뇌와 의식주에 대한 탐욕을 버리고 청정하게 불도를 닦는 수행. 또는 그 스님. 이 작품은 스님들의 수도(修道) 방법인 '방할(棒喝)'에 대한 하나의 방향을 시사(示唆)하고 있음. '봉갈(棒喝)'→방할(棒喝).

성심 노숙[1]께 답하다

성품이 거울의 몸체라면
마음은 거울의 빛이라네
성품이 저절로 맑다면 마음은 스스로 밝힌다네
바람이 잠든 구름을 천리 밖으로 쓸어 없앤 듯
푸른 하늘의 높은 달이 멀고 아득히 비춰 밝히듯.

答性心老宿

性如鏡體心如光　　性若澄淸心自彰
風掃宿雲千里盡　　碧天孤月曉蒼蒼

1) 노숙(老宿) : 식견(識見)이 노성(老成)한 사람. 불도에 수양을 많이 쌓은 스님. 이 작품은 진여(眞如)의 여실공(如實空)과 여실불공(如實不空)의 양면성(兩面性)을 성심 노숙(性心老宿)의 이름인 '성심(性心)'을 성(性)'과 '심(心)'으로 나누어서 구체화(具體化)하여 쉽게 풀어 노래하고 있음.

많은 길은 경계하게나

길에는 사곡(邪曲)[1]과 갈림길이 많다네
사곡 많은 길에는 가시가 많고 갈림길에는 의혹이 많다네
갈림길, 사곡 많은 길은 가지를 말게나
가운데 길[2]을 바르게 당당히 가면 길은 바야흐로 평탄하다네.

忌多路

路多邪曲又多岐　　曲處多荊岐處疑
行路莫行岐與曲　　正當中路路方夷

---

1) 사곡(邪曲) : 요사(妖邪)하고 편곡(偏曲)함. 성행(性行)이 올바르지 못한 모양.
2) 중로(中路)≒중도(中道) : 길의 한복판. 가던 길의 중간. 두 극단을 떠나 한편에 치우치지 않는 공명한 길. 유(有)나 공(空)에 치우치지 않는 절대 진실의 도리. 고락(苦樂)의 양편을 떠난 올바른 행법(行法).

송도의 감회

옛날을 회고하려 만월대[1]에 오르니
흰구름만 유수처럼 홀로 떠도네
옛날의 흥망사를 얘기할 사람 없고
남은 꽃만 외로이 저녁 해 향해 피었네.

松都有感

懷古登臨滿月臺　　白雲流水獨徘徊
無人與說興亡事　　惟有殘花向晩開

---

1) 만월대(滿月臺) : 개성 북쪽 송악산(松嶽山) 남쪽 기슭에 있는 여조(麗朝) 450여 년간의 왕궁 터.

우연히 읊음

골짜기가 그늘지니 그늘진 물은 저절로 차가운데
누른 꽃 붉은 잎이 가을 산에 어울리네
백팔 마니(摩尼)[1]가 손끝에서 구르고
이 몸 편안한 곳엔 도심(道心)이 편안하네

텅 빈 골짜기의 가을소리에 나뭇잎이 흩날리면
맑은 창가에 찬 그림자 내리던 골짜기 구름도 떠나고
평일의 인간사가 영영 끊어지는데, 나는 다만
솔 대문 찾는 나그네의 뜨음함을 좋아하네.

偶吟

谷自陰陰水自寒　　黃花紅葉共秋山
百八摩尼隨手轉　　此身安處道心安

虛谷秋聲木葉飛　　霽窓寒影洞雲歸
平生[2]永絶人間事　只愛松門客到稀

---

1) 악을 제거하고 흐린 물을 맑게 하며 염화(炎禍)를 없애는 공덕이 있다는 보주(寶珠).
2) 보통 때의 삶. 평일의 삶.

원적암[1]에서

산과 물은 고요한데 새는 어이 시끄러운고
시끄러우나 고요하나 길(道)은 원래 한 길일세
길을 묻는데 부처님을 찾지는 말게나
마음을 항상 원적[2]에 두면 길(道)은 항상 거기 있다네.

圓寂庵

山河寂寂鳥何喧　　喧寂從來道一源
問道莫尋黃面老[3]　心常圓寂道常存

1) 괄허대사는 경상도, 강원도, 황해도, 평안도, 함경도 등을 고루 순회하였으므로 이 방면에 흩어져 있는 어느 원적암(圓寂庵)인지 지정해 말하기가 어려움.
2) 원만구족(圓滿具足)한 적멸(寂滅). 곧 덕(德)을 원만히 갖춘 후에 적멸(寂滅)한다는 뜻. 열반(涅槃). 진여실상(眞如實相).
3) 황면로(黃面老)=황면노자(黃面老子) : 석가모니(釋迦牟尼)를 이르는 말. 여기서는 '부처님'으로 대신할 수 있음.

영조대에서

구슬 같은 마음 하나 이것이 허령(虛靈)[1]하다면
천 가지 만 가지를 이에 견줄 수가 없네
넓고 시원한 가을 하늘의 높은 달빛처럼
모든 산천을 다 비춰 분명도 하네.

靈照臺

心珠一箇是虛靈　　萬種千般比不平
廓落秋天孤月影　　千山萬水照分明

1) 허령(虛靈) : 마음이 잡념이 없이 영묘함. 포착할 수는 없으나 그 영험이 불가사의함.

도암스님에게

의발(衣鉢)[1]은 본래부터 늙은 스님이 전하지만
육대(六代)의 옆가지가 또한 얼마나 많은고
영원한 봄바람이 끝없이 불어서
꽃 피고 씨를 맺음은 내 스승에게 있네.

偈贈道岩丈室[2]

傳衣本自老頭陀　六代橫枝又幾多
劫外春風吹不盡　開花結子在吾師

---

1) 의발(衣鉢) : 가사(袈裟)와 바리때. 곧 전법(傳法)의 표가 되는 물건. 스승으로부터 전하는 불교의 오의(奧義).
2) 글제 풀이 : 도암 큰스님께 드리는 게송.

풍암스님에게

우리 스님, 바다 쪽 하늘 먼 동쪽에서 오셨네
봉래산 일만 골짜기 바람에 펄펄 옷을 날리며 오셨네
묘법[1]은 성색[2] 밖의 것이 아닌데
어찌 오직 멀리서 괄허 영감을 찾아 오셨는고?

偈贈風岩丈室

吾師來自海天東　　衣拂蓬萊萬壑風
妙法不離聲色外　　何須遠訪括虛翁

---

1) 묘법(妙法) : 훌륭하고 신기한 불법. 불교의 신기하고 묘한 법문.
2) 성색(聲色) : 말소리와 얼굴빛. 언어와 태도. 여기서는 '존재하는 자연물(自然物)'의 뜻.

가버린 제자를 추억함

반벽[1]의 싸늘한 등불이 졸고 있을 때
샐녘의 남은 달은 소나무 가지에 걸렸네
처마 앞 가까운 나무에 두견새[2]야 오지를 말게나
소리소리 애절한 가락 내 마음 괴롭힐까 두렵네.

憶亡弟子

半壁寒燈明滅時　五更殘月掛松枝
杜鵑莫近簷前樹　只恐聲聲惱我思

1) 반벽(半壁) : 바람벽의 절반, 또는 바람벽. 벼랑의 중단(中段).
2) 두견이 : 여름에 밤낮으로 처량하게 우는 새. 서역(西域)으로 쫓겨났던 촉(蜀)나라의 망제(望帝) 두우(杜宇)가 평생을 촉나라로 돌아가려고 애원(哀願)하다가 죽은 뒤 그 원혼(冤魂)이 붙어 있다는 새. 두우(杜宇), 두백(杜魄), 망제(望帝), 망제혼(望帝魂), 귀촉도(歸蜀道), 촉백(蜀魄), 촉혼(蜀魂), 촉조(蜀鳥), 불여귀(不如歸), 자규(子規), 시조(時鳥) 등의 별명이 있음. 고래로 시문학에 많이 등장함.

봄날 생각나는 대로 읊음

봄이 와도 일이 없어 창문 앞에 기대면
뭇 새가 종알거려 조는 나를 괴롭히네
별안간 생각나는 즐겨 놀던 관동 땅
갈매기 흰 언저리 해당화 붉게 피네.

春日謾吟

春來無事倚窓前　　衆鳥喧喧惱我眠
忽憶關東遊歷處　　海棠花發白鷗邊

산따라 물따라

사흘은 강을 가고 이레는 산을 가네
열흘의 발자취가 다만 강과 산뿐일세
강과 산을 벗어나도 가슴에 남은 것은
노래하니 청강이고 노래하니 청산일세.

江山行[1)]

三日江行七日山　　一旬蹤跡是江山
江山盡是胸中物　　咏出淸江咏出山

1) 글제 풀이 : 강과 산을 가다. 지나친 의역이란 평을 받을지 모르겠으나 시적 분위기로 보아 가능할 것 같아 제목을 '산따라 물따라'로 붙여 보았다.

내 이름

평생에 자취를 감추고 또 이름을 숨기니
세상 사람 응당히 내 이름을 모르네
다만 이 금강산 위의 저 학만이
내 마음, 내 얼굴, 내 이름을 안다네.[1)]

次金處士軸[2)]韻[3)]

平生藏跡又藏名　　世上應無識我名
但是金剛山上鶴　　知心知面又知名

1) 괄허선사(括虛禪師)의 초명은 '도학(道鶴)'이다. 여기서 항렬자(行列字) '도(道)'를 제외하면 금강산 위의 '학(鶴)'과 동명(同名)이 된다.
2) 축(軸)=시축(詩軸) : 시(詩)를 적은 두루마리. 축운(軸韻) : 두루마리 종이에 적은 시의 운자(韻字).
3) 글제 풀이 : 김처사의 축시 운자 따라. 원래 한시의 제목에는 작품 내용과는 관계없이 제작 동기를 밝히는 사실을 길게 늘어놓아 제목으로 하는 경우가 많으므로 이를 수정하여 현대시의 제목 붙이기 방법에 의하여 제목을 바꾸어보기도 하였다.

꿈에 취하다

선방(禪房)이 한적하고 티끌 없이 깨끗한데
한나절 구름 창에 가려 꿈속의 몸이었네
가석하다 인간이란 도무지 꿈일세
꿈속에서 꿈속 사람을 되돌려 만드네.

夢酣

禪房閒寂淨無塵　　半日雲牕一夢身
可惜人間都是夢　　夢中還作夢中人

금강산에서 온 인순선자에게

기이하게도 그대는 미간(眉間)이 청수(淸秀)하고
설도(說道)하니 금강산 일만 폭포가 돌아온 듯하네
그대 위해 푸른 창공에는 붉은 계수나무 달이 밝은데
영랑(永郎) 신선은 어느 산에 머무는고?

答印淳禪子自金剛山來偈[1)]

恠君淸秀在眉間　說道金剛萬瀑還
爲君碧虉丹桂月　永郎仙子宿何山

---

1) 글제 풀이 : 금강산에서 온 인순선자에게 답한 게송.

기천[1] 사군[2] 정공[3]의 시에 화답함

고개 밖을 가는 남여[4] 읍(揖[5])하여 송별하면
봄바람 불어보내니 깃옷[羽衣]도 가볍구나
돌아오면 돌 의자엔 두견새 소리 나고[6]
옛 절 배꽃에는 달이 참으로 밝구나.[7]

次基川使君鄭公韻

揖送藍輿嶺外行　　春風吹送羽衣輕
歸來石榻鵑聲在　　古寺梨花月正明

---

1) 경상북도 풍기(豊基)의 옛 이름. 옛 풍기군을 지금은 영주시로 개칭.
2) 임금의 명령을 받들고 나라 밖으로나 지방에 온 사신의 경칭. 여기서는 '군수'를 지칭함.
3) 실명(實名)은 밝히지 못했으나 괄허대사와는 자주 창수(唱酬)한 흔적을 보임.
4) 의자 비슷하고 위를 덮지 아니한 작은 가마.
5) 인사하는 예(禮)의 하나. 합장하고 허리를 굽혔다 펴는 스님들의 가벼운 절.
6) '백성들의 목소리'란 뉘앙스(nuance)를 느낌.
7) 백성들이 기천사군에 대하여 '공명정대한 선정을 소원하고 있다는' 뉘앙스를 느낌.

길을 잃음

사람마다 문 밖 길은 평탄하다네
평탄하고 평탄한데 갈림길이 있다네
바른 길에서 헷갈려 갈림길에 들어서면
하늘까지 가시가 얽혀 홀로 머뭇거린다네.

失路

人人門外路平坦　　平坦坦中更有岐
正路忽迷岐路入　　漫天荊棘獨躕躇

속중[1]을 떠나다

오십 년 세월이 불 반짝 사이인데
영예도 치욕도 모두 헛것이로세
허허허 오늘 아침 훌훌 떠나니
한 벌 승복 행장인데 만리에 바람일세.

捨衆

五十年光石火中　　人間榮辱摠虛空
今朝大笑飄然去　　一衲行狀萬里風

1) 속중(俗衆) : 스님에 대하여 일반 사람을 이르는 말. 속인(俗人)들. 여기서는 '속세(俗世)'의 뜻.

삼가 기천부사 해좌선생[1] 시에 화답함

정(情)으로 맞이하는데 거문고 비파를 울리지 말게나
호걸들의 흥이 어찌 술잔 드는 데만 있는가
동쪽 숲의 초생달 아래가 가장 좋거니와
뜰에 가득한 꽃 그림자를 거니는 것도 좋으이.

謹次基川明府[2]海左丁先生韻

歡情不必鳴琴瑟　豪興何須擧酒杯
最好東林[3]新月下　滿庭花影任徘徊

---

1) 정범조(丁範祖). 호 : 해좌(海左). 조선 정조 때의 문신. 대사간(大司諫), 대사성(大司成). 이조참판. 예문관제학. 한성우윤 역임. 『정조실록』 편찬에 참여. 저서 : 『해좌집』. 괄허대사와 자주 창수(唱酬)한 흔적을 보임.

2) 명부(明府) : 부사(府使)의 존칭. 현재의 시장(市長) 군수(郡守) 직에 해당함.

3) [참고] ① 중국 진(晉)나라 때 혜원법사(慧遠法師)가 여산(廬山)의 동림사(東林寺)에 머물 때 도연명(陶淵明) · 육수정(陸修靜) 등의 많은 시인들이 모여들어 즐기고 창수(唱酬)하였음. ② 동림폭포(東林瀑布) : 관서팔경의 하나. 평양북도 선천읍(宣川邑)의 서쪽, 옛날의 선천성(宣川城)에 있는 폭포. 물이 많아 장관이며 기암과 반석이 잘 깔려 있음.

월송정[1])에서

동해를 끼고 길 가던 나그네
월송정에 이르러 기대어 누웠네

꿈속으로 돌아가는 지나온 천리
지저귀는 새소리만 여기저기 들리네

언덕에 핀 꽃들은 해를 맞아 웃음 띠고
강물은 하늘에 닿아 평화로운데

갈매기도 해오라기도 서로 땅을 잊었고
어부가(漁夫歌) 부르짖어 꿈든 나를 깨우네.

月松亭

路由東海客　　來臥月松亭
歸夢一千里　　啼禽兩三聲
岸花迎日笑　　江水接天平
鷗鷺相忘地　　漁歌喚我惺

---

1) 월송정(越松亭)의 딴 이름. 관동팔경의 하나. 옛날 사선(四仙)이 노닐던 곳으로 시인(詩人) 묵객(墨客)들이 많이 찾아 즐겼다고 함.

망양정[1]에 앉아서

푸른 절벽 위에 정자가 있으니
푸른 하늘빛에 젖어 사람은 차갑네

가파른 언덕의 꽃들은 다투어 피었고
외로운 성곽의 새들은 스스로 돌아왔네

세상의 속된 일 천리 밖으로 떨치고
호수와 바다에 지팡이 하나가 한가로운데

해 저물면 농가에 들어
아득히 고향 산천을 꿈꾸네.

望洋亭

亭居蒼壁上　　空翠襲人寒
絶岸花爭發　　孤城鳥自還
風塵千里隔　　湖海一筇閑
暮入田家宿　　悠悠夢故山

1) 경상북도 울진군 근남면(近南面) 산포리(山浦里)에 있는 정자. 관동팔경의 하나로, 개수(改修)를 거듭하여 옛 모습을 간직하고 있음.

죽서루[1]에서

고달픈 나그네가 누각에 오른 날
봄바람 불어온 지가 두 달이 넘었네

긴 들길을 비가 지나간 뒤
먼 포구엔 처음 돛이 오르네

골짜기가 검으니 신기한 물고기가 엎드리고
바위가 기묘하니 아롱새가 깃들이네

무릉도원 사람들아! 자랑하지 말게나
기쁘고 즐거우니 신선의 머무름일세.

竹西樓

倦客登臨日　　東風二月餘
長郊經雨後　　遠浦掛帆初
洞黑神鱗伏　　巖奇彩羽棲
桃源人莫詫　　歡樂是仙居

---

1) 강원도 삼척시에 있는 누각. 관동팔경의 하나. 고려 충렬왕 때 간관(諫官) 이승휴(李承休)가 창건함. 누각 아래 오십천(五十川)이 맑게 흐르고 누대(樓臺)는 절벽으로 십여 길이 됨.

낙산사[1]에서

먼 곳 나그네가 쓸쓸한 절에 오르면
절 문은 큰 바다의 물가를 내려다보네

범종소리 울리니 는개[2] 내리는 저녁이더니
어적소리 일어나니 꽃 떨어지는 봄일세

푸른 대나무는 바위 앞을 털고
금빛 부처님은 굴[3] 안에서 신령스러운데

이정[4]에서 일출을 보게나
천지가 하나의 붉은 수레바퀴일세.[5]

洛山寺

遠客登蕭寺　門臨大海濱
梵鐘微雨夕　漁笛落花春
翠竹岩前拂　金容窟裏神
梨亭觀日出　天地一紅輪

---

1) 강원도 양양군 강현면 전진리에 있는 사찰. 관동팔경의 하나. 신라 문무왕 11년(671) 의상대사(義湘大師)에 의하여 창건됨.
2) 안개보다 조금 굵고 이슬비보다 조금 가는 비.
3) 의상대(義湘臺) 옆의 관음굴(觀音窟). 일명 홍련암(紅蓮庵).
4) 1926년에 개축(改築)되어 의상대(義湘臺)란 이름이 붙여지기 이전, 의상대 자리에 있던 옛 정자의 이름인 듯함.
5) 일출(日出)이 보여주는 한 개 붉은 수레바퀴를 굴 안의 부처님이 보여주는 하나의 '원상(圓相)'이나 '원융(圓融)'으로 파악하고 있음.

삼일포에서

우연히도 삼일포[1]에 와서
한층 누각 위에 높이 누웠네

서늘한 물 기운이 얼굴에 와 닿고
상쾌한 솔바람은 가을을 부르네

노을과 꽃들은 못 밑바닥을 수놓고
산 위에 걸린 달은 누각 안의 그림일세

고요히 숨은 절은 어느 곳에 있는고
차가운 종소리만 늦은 배에 비껴오네.

三日浦

偶來三日浦　　高臥一層樓
水氣凉侵面　　松聲爽引秋
烟花潭底繡　　山月閣中圖
蕭寺知何處　　寒鐘落晩舟

1) 강원도 고성군에 있는 호수. 신라 때에 영랑, 술랑, 안상, 남석행 등 네 신선이 사흘 동안 이 호수에서 놀았다 하여 삼일포라 하며, 관동팔경의 하나로 경치가 아름다움.

단양 만포에서

푸른 물결은 푸른 절벽 틈에서 출렁이고
배는 석양 바람에 떠 있네

기러기는 가을 강 위에서 울부짖는데
갈매기는 저녁 아지랑이 속에 잠이 들었네

국화가 산뜻하니 연이은 비에 희었고
단풍이 떨어지니 서리 먹고 붉었네

봉래산의 진계(眞界) 소식을, 어찌 오직
적송자1)에게만 묻는고?

丹陽晩浦次北坪申翁韻2)

滄波翠壁裏　　船泛夕陽風
鴈叫秋江上　　鷗眠暮靄中
菊鮮連雨白　　楓落飽霜紅
蓬島眞消息　　何須問赤松

---

1) 신농(神農) 시대에 비(雨)를 다스렸다고 하는 신선의 이름. 여기서는 그냥 '신선'의 뜻. 이 연은 '단양 만포의 진경(眞景)을 신선이 된 듯한 나에게 물어 보라'는 말의 완곡(婉曲)한 표현임.
2) 글제 풀이 : 북평 신옹의 '단양 만포' 운자 따라.

꿈속의 청하전[1]

가사(袈裟)[2] 걸친 한 노승(老僧)이
노을진 암자에 드는 나를 맞이하네

잔에 따르는 것은 구름 가의 물이고
솥에 삶은 것은 돌 틈의 인삼이라네

달 비춘 창가에서 함께 낭랑히 읊으면
바람도 난간에서 함께 청담(淸談)[3]을 나누네.

학이 울어 남은 꿈을 깨우는데
때는 아직 한밤중이 못 되었네.

夢遊靑霞舊隱[4]

袈裟一老衲　　邀我入霞庵
盃酌雲邊水　　鐺烹石隙蔘
月牕偕朗咏　　風檻共淸談
鶴唳驚殘夢　　時夜更未三

---

1) 경북 문경군 산북면 운달산(雲達山)에 있는 김룡사(金龍寺)의 사내(寺內) 누각.
2) 승려가 장삼 위에 걸쳐 입는 법복(法服).
3) 명리(名利)를 떠난 청아(淸雅)한 이야기.
4) 글제 풀이 : 꿈속에서 옛날의 은거지 청하전에서 노닐다.

삼가 해좌선생 시에 화답함

봄바람 일어나는 밝은 달밤
꽃 그림자가 창 앞에 가득한데

천 수의 시(詩) 이야기를 끝내면
일미선(一味禪)[1] 이야기로 돌아오네

강물소리는 전각(殿閣)을 흔들고
산 꿈은 구름 연기에 깃들이는데

백설(白雪)[2]은 누구와 능화(能和)[3]하는고
총명(聰明)[4]은 태전(太顚)[5]을 탓한다네.

謹次海左先生韻

東風明月夜　　花影滿窓前
說盡千詩語　　談來一味禪
江聲搖殿閣　　山夢入雲烟
白雪誰能和　　聰明愧太顚

---

1) 참선(參禪)으로부터 바로 돈오(頓悟)에 이르는 경지(境地). 입선(入禪)의 '점진적인 단계'에 상대(相對)되는 말.
2) '결백'의 상징. 곧 결백의 주인공인 해좌선생을 비유함.
3) 능화(能和)=능화진경(能和眞境) : 더러움이 없는 깨끗한 경지와 잘 어울림. 여기서는 '잘 어울림'의 뜻.
4) 지혜로움. 곧 총명하고 지혜로운 해좌선생을 비유.
5) 당나라의 승(僧). 배불론자(排佛論者)인 한유(韓愈)와의 교섭으로 유명함. 이 시의 마지막 행은 배불논자에 대한 경원심(警遠心)을 나타내고 있음.

삼가 청대선생 시에 화답함

흰 이슬이 하늘아래 이었고
노란 국화가 섬돌 가득히 드리웠네

바람소리는 해 저무는 구렁에서 일어나고
산 그림자는 차가운 못에 내려앉네

절간의 종소리가 울린 뒤
소나무 옆 창가에 달이 뜰 때면

늙은 신선[1]이 이제 또 찾아와
마주앉아 새로운 시(詩)를 화답하네.

謹次淸臺先生韻

白露連霄下　　黃花滿砌垂
風聲生暮壑　　山影落寒池
紺殿鐘鳴後　　松窓月上時
仙翁今又至　　相對和新詩

---

1) 청대(淸臺) 권상일(權相一) 선생을 이름. 대유법(代喩法). 괄허대사는 청대(淸臺) 선생과 자주 만나서 시(詩)를 서로 주고받았음을 알 수가 있음.

응허스님에게 주는 게송

쌍림(雙林)은 비록 입멸(入滅)을 보였으나[1]
학림(鶴林)[2]은 지금도 그대로 남아 있네

돌방(石室)[3]에는 천 개의 등불을 밝히고
조계(曹溪)의 일만 종파(宗派)가 분주하지만

바람이 나부끼며 공중을 헤치듯
별과 달이 물 가운데 그림자를 남기듯

부처님도 마음도 없는 곳에
마음으로 전하여 불은(佛恩)을 갚는다네.[4]

偈賜應虛

雙林雖示滅　鶴樹至今存
石室千燈照　曹溪萬派奔
風幡空裏動　星月水中痕
非佛非心處　傳心報佛恩

---

1) 쌍림입멸(雙林入滅) : 석가모니 부처님의 사라쌍수(沙羅雙樹) 밑에서의 입적(入寂)을 이름.
2) 사라쌍수의 별명. 석가모니 부처님이 사라쌍수 밑에서 적멸(寂滅)할 때 숲이 학처럼 희게 변했다는 고사에서 붙여진 이름.
3) 산중(山中)의 은거하는 방. 사찰(寺刹). 암자(庵子).
4) '불법을 깨친다'는 뜻. 이 연에서 선종의 본질을 보임.

옛 벗을 만나다

옛 친구가 찾아오네, 어찌 이리 늦었는고
솔잎 차를 권하네, 낯익은 얼굴일세

애초에 먹은 마음 끝내 지키어
푸르던 머리카락 희끗희끗해졌네

물에 나가 똑같이 그림자를 보고서
봄을 보러 함께 산으로 나갔네

분향하고 발우 열고 문 밖에 나와도
한가로이 앉아 현관[1]을 설(說)한다네.

逢故友

故友來何晩　　松茶勸舊顔
丹心終不改　　綠髮始成班
臨水同觀影　　看春共出山
焚香開鉢外　　閑坐說玄關

---

1) 현묘(玄妙)한 길로 나가는 어귀란 뜻으로 선학(禪學)으로 들어가는 관문. 여기서는 곧 선학(禪學)의 교리(敎理) 이야기.

묘향산 심진각에서

나그네의 발길이 심진각에 이르자
서산에는 뉘엿뉘엿 해가 저무네

멀리 산봉우리는 하늘이 안은 듯 서 있고
바위 틈에 솟은 물은 땅이 기울어져 분주하네

용담(龍潭)이 뿌리는 비에 옷은 젖어도
학굴에서 솟은 구름을 지팡이로 꿰뚫어 오르면

암자(庵子)가 하나하나 푸른 벼랑에 걸렸고
밤마다 불등(佛燈)은 여기저기 나뉘네

심진각 언저리의 물을 담으면
그릇 속에는 하늘과 땅이 담기고

저녁 안개가 산의 품에 안기면
샘물이 맑게 흘러 귀뿌리조차 시원하네

사방의 절엔 등불이 걸리고
벽에 적은 글들은 고금의 명언인데

텅 빈 누각 위에 홀로 누우면
두견새 우는 마루 달빛 가득하다네.

香山洞尋眞閣

客到尋眞閣　　西山日已曛
遙岑天控立　　巖水地傾奔
衣濕龍潭雨　　笻穿鶴峀雲
庵庵懸翠壁　　夜夜佛燈分

尋眞沿水入　　壺裏有乾坤
暮靄籠山腹　　泉流爽耳根
懸燈南北寺　　題壁古今言
獨臥空樓上　　鵑啼月滿軒

안주 법흥사[1])에서

천년 묵은 신라의 절
풍운(風雲)으로 변하는 사이

전각에는 세 성인(聖人)의 영정(影幀)을
당상에는 두 대사(大師)의 얼굴을 모셨네

기자(箕子)의 수레 머물던 골짜기
고려 왕(王)의 말이 머물던 산

스님이 없으니 종소리도 끊어지고
시문(詩文) 쓰인 벽 아랜 층층이 산봉우리일세.

安州法興寺

羅代千年寺　　風雲變態間
殿中三聖影　　堂上二師顔
箕子驂鸞洞　　麗王駐驛山
僧空鐘不響　　題壁下層巒

---

1) 신라 때 보리유지(菩提流支)가 창건. 고려 때 법홍(法興)이 중건. 임란 때 휴정(休靜)이 의병승(義兵僧)을 훈련.

진허[1]선백[2]에게 드림

여덟 산 여러 겹을 넘고 또 넘어
고요한 냇물 동쪽에 암자가 있네

검푸른 전각에선 스님이 경쇠(磬)를 두드리고
그윽한 숲속에선 호랑이가 휘파람을 일으키네

학은 단혈(丹穴)[3] 속에 깃들이고
신선의 꿈은 자하(紫霞)[4] 속에 깃들이는데

눈썹 큰 사람[5]과 대화를 즐기니
초연(超然)히 세상 걱정이 없네.

贈振虛禪伯

八山踰數重　　庵在肅川東
紺殿僧敲磬　　幽林虎嘯風
鶴棲丹穴裏　　仙夢紫霞中
好對龐眉語　　超然世慮空

---

1) 법명(法名)은 팔관(捌關), 조선 후기 영 · 정조 때의 스님. 저서 : 『삼문직지(三門直指)』 1권, 『진허집(振虛集)』 1권.
2) '나보다 나이 많은 선배 되는 선사(禪師)'를 이르는 말.
3) 신선의 동굴. '단(丹)'은 도가(道家)의 소위 불로 불사약을 말하는데, 바뀌어 신선에 관한 것에 '丹'자를 많이 씀.
4) 보랏빛 안개. 선궁(仙宮)에 낀 안개. 전(轉)하여 선궁(仙宮)을 이름. 여기서는 진허선사가 머물고 있는 암자.
5) 도량이 넓은 부처님이나 참되고 장수하는 신선을 비유함.

보림사[1])에서

배가 큰 나루를 건너니
삼화 땅에 보림사가 있다네

절 문에서 내려다보니 바다는 멀고
스님의 말로는 산 이내가 짙다네

불자(拂子[2]))를 휘두르며 선게(禪偈[3]))를 말하고는
다(茶)를 끓여 나그네 마음을 달래네

갈릴 때는 오히려 이별이 아쉬운데
저녁 해는 벌써 소나무 그늘을 돌아가고 있었네.

寶林寺

舟渡大津去　　三和有寶林
門臨滄海遠　　僧語翠微[4])深
揮麈談禪偈　　烹茶慰客心
臨分猶惜別　　斜日轉松陰

---

1) 황해도 송화군(松禾郡) 용문산(龍門山)에 있던 절.
2) 선종의 스님이 번뇌, 장애를 물리치는 표지로 쓰는 먼지털이 모양의 기구.
3) 외우기 쉽게 게구(偈句)로 지어 부처님의 공덕이나 교리를 찬미하는 노래글귀.
4) 먼 산에 엷게 낀 푸른 빛깔의 기운. 또는 산의 중허리.

장수산 백운사[1])에서

구름 끝에 걸린 절을 거뜬히 오르니
아름다운 풍경(風景)이 그림으로 열리네

날으는 폭포가 우레소리를 굴리고
높은 봉우리는 옥색을 쌓았네

경쇠(磬)소리가 하늘에서 떨어지더니
스님이 학(鶴)의 곁에서 나오고

돌을 베개삼아 때 모르고 누웠더니
산 아이가 길을 가리키며 재촉을 하네.

長壽山白雲寺

快登雲際寺　景物畫中開
飛瀑雷聲轉　高岑玉色堆
磬從天上落　僧自鶴邊來
枕石忘機臥　山童指路催

---

1) 황해도 재령군(載寧郡) 장수산(長壽山)에 있던 절.

개화사[1]에서

나그네 발걸음이 개화사에 이르니
스님 하나 없는 퇴휴(頹虧)된 절

달빛만 창 밑을 새하얗게 밝히고
물소리는 베갯가를 감돌아 울리네

벽에 붙은 고풍[2]은 종이가 뒤집히고
주방이 차가우니 새들이 잿더미에 발자국을 찍네

지나간 일들을 누구에게 물을꼬?
외로운 탑만이 구름 가에 기대네.

開花寺

行到開花寺　　僧空寺亦頹
月光窓底白　　江響枕邊回
壁古風飜紙　　廚寒鳥印灰
憑誰知往事　　孤塔倚雲隈

1) 평남 중화군(中和郡)에 있던 절.
2) 고풍(古風) : 여기서는 한시(漢詩)의 한 체(體).

홍류동[1]을 지나며

임천(林泉)[2]에 노닐며 하루를 보내고
홍류동에 이르러 오래 배회하네

속세가 멀어 풍진(風塵)[3]은 떠나고
구름이 짙으니 날개 돋친 신선은 돌아오네

바위들은 그윽이 나무들과 사귀고
폭포가 별안간 맑은 하늘에 우레를 일으키네

오늘 괄허(括虛)가
봉래산[4]에 온 것을 그 누가 알랴?

過紅流洞

林泉遊曆日　到此久徘徊
俗遠風塵隔　雲深羽客迴
岩幽交雜樹　瀑急起晴雷
今日括虛子　誰知蓬島來

---

1) 금강산의 한 명소.
2) 홍류동이 아닌 또 다른 금강산의 아름다운 한 명소.
3) 인간 세상. 속사(俗事). 세상의 소란.
4) 여기서는 '영산(靈山)'의 뜻을 강하게 풍김.

황학루[1]에 올라

가고 머무름은 본래 정한 곳이 없는데
인연 따라 여기 황학루에 왔네

물소리가 그림 누각을 흔들고
비 기운이 신령한 곳에 스며드네

안탑[2]에는 풍상[3]이 오래고
용감[4]에도 긴 세월이 머물러

저녁 노을에 돌아갈 길이 늦었는데도
그윽한 여흥[5]은 어느 때나 멎을꼬?

登黃鶴樓

去住本無定　隨緣來此樓
泉聲搖畫閣　雨氣洩靈區
鴈塔風霜古　龍龕歲月留
烟霞歸路晚　幽興幾時休

---

1) 경북 상주시 내서면 천주산(天柱山)에 있는 북장사(北長寺)의 사내 누각. 소실(燒失)되어 지금은 남아 있지 않음.
2) 탑(塔)의 이름. 떼지어 날아가는 기러기들처럼 줄지어 서 있는 탑들.
3) 서기 833년(신라 홍덕왕8)에 진감조사(眞鑑祖師)가 창건한 이래 임란병화(壬亂兵火)를 비롯하여 사찰을 퇴락시켜 온 다사다난(多事多難)했던 세월.
4) '용'을 조각한 감실(龕室). 감실 : 닫집. 탑 속에 만든 작은 방.
5) 여홍(餘興) : 여홍은 홍(興)이 아니라 오히려 퇴락(頹落)해 가는 사찰에 대한 안타까운 서정(抒情)이다.

임종을 맞아

칠십 년 간 지낸 일이
마치 꿈속의 사람일세

담연하기[1]가 물 속의 달 같은데
몸[2]은 어이 오고 가고 하는고[3]

환생[4]하여 왔다가 환생 좇아가니
오고 가는 환생 중 사람이건만

환생 중에서도 환생하지 아니하는 것
이게 나의 본래의 몸[5]이라네.

臨歸偈

七十年間事　　依俙夢中人
澹然同水月　　何有去來身
幻來從幻去　　來去幻中人
幻中非幻者　　是我本來身

---

1) 담연(澹然) : 조용하고 편안함. 곧 몸의 오고감[生滅]에도 태연함을 말함. 불법(佛法)에 의한 자연스러운 환생(幻生)이기 때문이다.
2) 몸[身] : 진성(眞性)이 현형(現形)한 현상(現象). 곧 사람.
3) 몸의 가고 오고 함 : 생멸(生滅). 적멸(寂滅)과 환생(還生). 곧 환생(幻生).
4) 환생(幻生) : 형상을 바꾸어서 다시 태어남. 허깨비처럼 나타남.
5) 본래의 몸 : 본신(本身). 본체(本體). 진성(眞性). 진여(眞如).

남악[1])청하회시에 화답함

해동의 하늘 높이 법당(法幢[2]))을 세우니
사중(四衆[3]))이 즐겨 듣고 냇물처럼 달려왔네

부처님 문중(門中)의 정맥(正脈)을 이으니
어룡(魚龍[4]))을 방생(放生)하는 사랑의 배[船]일세

선사(禪師)가 쓰는 칼은 원래 자루가 없어[5]) 부럽고
우리의 거문고는 오래 줄만 뜯어 부끄러운데[6])

병든 몸이 암아(岩阿[7]))에 이르기도 전에
꿈같은 혼(魂) 오가며 화연(花筵[8]))에 비 내리네[9])

1) 조선 후기의 스님. 법명은 태우(泰宇). 선교양종도총섭 국일도 대선사에 임명되었던 상월(霜月)스님께 선(禪)을 많이 일깨워 주었다고 함. 전북 김제군 모악산 금산사(金山寺)에 부도와 비가 있음. 저술 :『남악집』1권.
2) 도량(道場)의 표시로 세우는 기(旗). 여기서는 금산사의 당간지주(幢竿支柱).
3) 불문(佛門)의 네 가지 제자인 비구(比丘) · 비구니(比丘尼) · 우바새(優婆塞) · 우바이(優婆夷)의 총칭.
4) 물고기와 용(龍). 수족(水族)의 총칭. 어별(魚鼈).
5) 영묘(靈妙)했던 남악(南岳)의 설법(說法)을 비유.
6) 여타의 유명무실(有名無實)했던 설법을 부끄러이 여김.
7) 바위의 후미진 곳. 산중에 있는 절, 또는 도량(道場).
8) 참되고 아름다운 수선생활(修禪生活)을 비유.
9) 은혜가 사방으로 고루 퍼져 미침의 비유.

일찍이, 항하[10]에 들어가 뼛속까지 맑게 씻어야 하네
법문[11]과 종설[12]이 분명히 다르다네

남쪽[13] 하늘이 이날은 많은 교화(敎化)를 베풀고
북쪽[14] 땅이 다음 해는 크게 이름을 떨친다네

학(鶴)을 벗해 행장(行裝)한 타향(他鄕)[15]의 나그네가
하늘에서 내려온 용의 기상으로 불도(佛道)의 꽃이 되었다네

모이고 흩어짐은 비록 고금의 상사(常事)라도
이별하는 인정은 스스로 눈물지네

푸른 하늘은 맑고 맑은 물은 잔잔하여
본지(本地)의 풍광(風光)은 볼수록 기이하다네

도솔천(兜率天)[16]에 가겠다고 침(鍼)맞을 필요가 없는데[17]

---

10) 갠지스강(Ganges 江)의 한자 이름.
11) '진리에 이르는 문'의 뜻으로 곧 부처님의 가르침.
12) 각 종파(宗派)의 설법(說法).
13) 남쪽. 중국 선종(禪宗)의 한 종파. 혜능(慧能)을 개조(開祖)로 함. 주로 교외별전(敎外別傳)·불립문자(不立文字)·이심전심(以心傳心)의 법을 세워서 오로지 선정(禪定)만을 닦아 불리(佛理)에 매진(邁進)할 것과 돈오주의(頓悟主義)를 주장함. 선종(禪宗)의 정통(正統)이 됨.
14) 북쪽. 중국의 신수(神秀)를 종조(宗祖)로 하는 선종의 한 종파.
15) 전라도 용성(龍城) 사람인 태우(泰宇)스님이 전북 김제군 모악산(母岳山) 금산사(金山寺)에 머물렀음.
16) 욕계 육천(慾界六天)의 네 번째 하늘. 내외(內外)의 두 원(院)이 있는데 내원(內院)은 미륵보살이 살면서 석가모니 부처님의 교화를 받지 못한 중생을 위하여 설법

어찌 구지[18] 더벅머리부터 이것을 배우려고 애쓰는고

높은 산 늙은 돌이 부처님 말하기를 잊은 듯하나
비단에 수놓은 가을 경치는 본 모습이 시(詩)[19]라네

매양 청표(淸標)[20]만 생각하면 믿을 바가 없으니
한 폭의 글로써 선사의 지혜에 보답되기 바라네.

次南岳靑霞會韻

法幢高建海東天　　四衆欽聞走若川
佛祖門中承正脉　　魚龍水上放慈船
羨師用劍元無柄　　愧我藏琴久沒絃
抱病岩阿身未到　　夢魂來去雨花筵

早入恒河洗骨淸　　法門宗說兩分明
南天此日多宣化　　北地他年大擅名
伴鶴行裝方外客　　降龍氣像釋中英
古今聚散雖常事　　離別人情淚自零

하며, 외원(外院)은 천중(天衆)의 환락(歡樂) 장소라 함.

17) 따끔한 충고를 받음. 이심전심(以心傳心)의 묘법으로 참선을 중시하는 선종(禪宗)의 입장에서 여타(餘他)를 비판하는 입장을 보임.

18) 오랜 시간. 무량대수장구시간(無量大數長久時間).

19) 말씀[言]. '예술(藝術)'을 비유(대유). 선종(禪宗)에서는 불경에 의하지 아니하고 이심전심(以心傳心)의 묘법(妙法)으로 참선을 중요시하여 경전도 없이 불립문자(不立文字)·교외별전(敎外別傳)을 종지로 하고 직지인심(直指人心)·견성성불(見性成佛)을 그 표지(標識)로 삼기 때문에 자연의 만물은 그대로 말씀이요 바로 시가 되는 것이다.

20) 깨끗하고 늠름하고 기품(氣品)이 있음.

碧天澹澹水漪漪　　本地風光見益奇
不必投針參兜率　　何勞竪指學俱胝
峻嶒老石忘言佛　　錦繡秋光本色詩
每憶淸標無所信　　聊將一幅報君知

금강산

진[1]나라 채찍으로 성난 돌이 푸른 언덕에 떨어져
천지간의 풍우로 벌써 흰머리가 되었네

뭇 성인이 공중에 벌여 앉으니 온통 부처님 나라이고
오색 구름이 높은 봉에 엉기니 한편 신선의 구역(區域)일세

가사(袈裟) 입은 일만 부처가 용호(龍虎)를 타고
칼과 창을 든 천 명의 군사가 마소[馬牛]를 뛰게 하네

조화(造化)와 신비로운 기지(機智)가 스스로 이루어 놓은 것
시를 쓰고 그림으로 그리려 해도 창수[2]하기가 어렵다네

바다의 구름 가에 높이 솟은 봉래산
차례차례 얼굴 내니 일만 이천 봉

벌여놓은 봉들은 하늘을 만질 듯 모두 뼈다귀로 섰는데
낙화(落花)가 물에 떠서 뭇 향기 풍겨오네

---

1) 중국 역사상 최초의 통일 국가. 진왕(秦王) 정(政), 곧 시황제(始皇帝)에 이르러 주(周)나라 및 육국(六國)을 멸하여 천하를 통일함. 3세 16년 만에 한(漢) 고조(高祖)에게 멸망함.

2) 창수(唱酬) : 시가(詩歌)나 문장을 지어 서로 주고받고 함.

바위 입술이 토한 달은 겨울눈이 아닌데도[3]
산골짝의 혀가 뿜는 물소리는 맑은 하늘의 우레소리라네

조화기공(造化奇功)[4]이 무한한 모습이라
묘사하고자 하나 그려내기가 어렵다네.

金剛山

秦鞭怒石落靑邱　風雨乾坤已白頭
衆聖羅空全佛國　五雲凝峀別仙區
袈裟萬釋跨龍虎　劍戟千軍躍馬牛
造化神機惟自得　工詩妙畫摠難酬

蓬萊山聳海雲隈　萬二千峯次第開
列峀摩天皆骨立　落花浮水衆香來
岩脣吐月非冬雪　澗舌噴泉不雨雷
造化奇功無限態　意存描寫也難裁

---

3) '겨울눈이 아닌데'는 '겨울눈과 같다'의 반어적 또는 반술적 표현임.
4) 만물 창조의 기이(奇異)함과 공교(工巧)함. 또는 신통하게도 기이하고 공교롭게 저절로 만들어진 자연의 사물들.

유점사

범궁[1]을 처음 복룡담에 세우니
유점사의 금 신선은 오십세 분[2]이었네

돌배로 수연[3]하여 바다 북[4]에 띄워서
금종과 부처님은 성남에 이르렀네

구요령 꼭대기엔 구름빛이 상서롭고
오훼[5]가 샘에 드니 물맛은 감미로운데

주수[6] 노춘[7]이 불법을 보호해
지금까지 전한 불상 가람에 모셔오네.

---

1) 범궁(梵宮) : 범천(梵天)의 궁전. 절과 불당의 총칭. 여기서는 '유점사'를 가리킴.
2) 서기 4년(신라 남해왕 1) 인도에서 조성한 53존의 불상(佛像)이 신룡(神龍)에 의해 월지국(月氏國)을 경유하여 현재의 고성(固城)인 안창현(安昌縣) 포구(浦口)에 도착해 있었는데 복룡담(伏龍潭)에 유점사를 창건하고 이곳으로 옮겨왔다고 함.
3) 수연(隨緣) : 인연에 따라서 현상을 일으킴. 각양 인연에 따라 다른 상(相)을 나타냄. 여기서는 '변화시키다'의 뜻 정도로 풀이해도 좋음.
4) 현재의 고성(固城)인 안창현(安昌縣).
5) 오훼(烏喙) : 한약초(漢藥草)의 이름.
6) 주수(主守) : 자기가 사는 고을의 수령(守令).
7) 노춘(盧偆) : 유점사(楡岾寺)의 창건자(創建者). 서기 4년(신라 남해왕 1) 인도에서 조성한 53불상(佛像)이 신룡(神龍)에 의해 월지국(月氏國)을 거쳐 안창현(安昌縣 : 현재의 고성) 포구(浦口)에 도착한 것을 현재(縣宰) 노춘(盧偆)이 이상하게 여겨 남해왕(南解王)에게 보고하고 절을 창건함.

楡店寺[8)]

梵宮初創伏龍潭　　楡窟金仙五十三
石舫隨緣遊海北　　金鐘安佛到城南
狗搖嶺上雲光瑞　　烏喙泉中水味甘
主守盧春爲護法　　至今遺像在伽藍

8) 금강산 비로봉의 남쪽에 위치한 유점사(楡岾寺)의 다른 표기(表記).

청량산[1]

청량산 명승지에 인연 잦아 기쁜데
돌길이 기구하여 꼭대기는 못 오르네

학의 굴엔 구름 짙어 학을 보기 어렵고
선단[2]엔 미끄러운 청태 신선을 못 만나네

임궁[3]은 아득히 외로운 달을 받들고
울쑥불쑥 흰 봉우리들 하늘 높이 치솟아

하계(下界)에서 쳐다보는 상계사(上界寺)[4]
높고 위태로워 밤잠을 못 이루겠네.

淸凉山

淸凉勝地喜多緣　　石徑崎嶇步不顚
鶴穴雲深難見鶴　　仙壇苔滑不逢仙
琳宮縹渺承孤月　　雪嶽嵯峩出半天
下界回看上界寺　　高危不信夜來眠

---

1) 경상북도 봉화군 명호면(明湖面)에 있는 산세가 아름다운 산. 김생굴(金生窟), 공민왕당(恭愍王堂), 퇴계 이황의 오산당(吾山堂) 등이 있음.
2) 선단(仙壇) : 선계(仙界). 신선이 사는 곳. 신선이 사는 뜰.
3) 임궁(琳宮) : 사원(寺院). 곧 청량사(淸凉寺). 일명 연대사(蓮臺寺).
4) 신라 신문왕 3년 원효대사가 개기(開基)한 청량사(淸凉寺)를 선계(仙界)로 느끼는 정서상(情緒上) 달리 부른 이름.

속리산

깎아 세운 기이한 바위들 은하수와 가지런한데
옷깃 풀고 시를 읊으며 구름사다리 오르네

하늘이 드리운 별들 머릿가에 가깝고
바람이 보낸 기러기 발밑으로 돌아가네

늘어선 작은 산들 그림으로 열어놓고
거꾸로 달려 나는 폭포[1]가 유리알을 흩네

안기생[2] 신선됨이 무엇이 부러우랴
가까이 청도[3] 길이 분명도 한데.

俗離山

矗削奇岩霄漢齊　披襟清嘯[4]上雲梯
天垂列宿頭邊近　風送歸鴻脚下低
簇立羣巒開繪畫　倒懸飛瀑散玻瓈
安期羽化何須羡　咫尺清都路不迷

---

1) 폭포 아래의 맑은 담연(潭淵)에는 하늘과 산그림자가 거꾸로 비춰 있으므로 마치 폭포가 하늘을 향해 거꾸로 떨어지는 것처럼 보이는 것을 표현한 것임.
2) 안기생(安期生) : 진(秦)나라 때의 장수옹(長壽翁). 진시황(秦始皇)이 동유(東遊)할 때 함께 놀았고 헤어진 뒤 만나지 못하여 제사를 지내주었다고 함.
3) 청도(清都) : 맑은 도성(都城). 곧 신선들이 모여 사는 선계(仙界).
4) 청소(清嘯) : 맑은 소리로 시를 읊음.

남해 금산

절벽을 받들며 언덕 따라 비단 봉우리에 오르네
우거진 숲 꽃다운 풀이 선계(仙界)의 관문을 감쌌네

흰구름은 그림자를 청산에서 말아가고
푸른 바다에 돛이 오르면 붉은 해가 돌아오네

신각[1]은 높이 열려 맑은 경쇠소리가 멀고
무지개 문은 깊숙이 잠겨 불등(佛燈)이 차가운데

풍연[2] 낀 별천지에 진계의 정취가 많아
글귀 제목 얻어서 돌단(壇)에 와 기대네.

南海錦山

攀壁緣崖上錦巒　　綠陰芳草擁仙關
白雲影卷靑山去　　碧海檣懸赤日還
蜃閣高開淸磬逈　　虹門深掩佛燈寒
風烟別地多眞趣　　得句題來倚石壇

---

1) 신각(蜃閣) : 신루(蜃樓). 신기루(蜃氣樓). 공중 누각(空中樓閣). 바다 위나 사막에서 기온의 이상한 분포 때문에 광선이 굴곡하여 먼데 있는 물체가 거꾸로 보이거나 공중에 솟아 보이는 현상. 여기서는 금산(錦山)의 '보리암(菩提庵)'을 미화해서 나타낸 것임. 서기 683년(신라 신문왕 3)에 원효(元曉)가 창건하고 조선 태조가 기도한 곳이기도 함.
2) 풍연(風煙) : 멀리 보이는 공중에 서린 흐릿한 기운.

대둔사[1)]

산뜻하고 고운 훌륭한 전각이 단구[2)]에 섰네
상서로운 초목 상서로운 구름은 닫힌 골의 나이를 말하네

구름 발자취가 그 몇 해이던고? 겹겹의 산들
절 이름은 물과 함께 천고[3)]를 흘러오네

봉대(蓬臺)에 달이 뜨면 원숭이는 나무에서 울고
금 전각에서 종소리 울리면 나그네는 누각에 와 의지하네

다시 대의 뜰앞에서 노인들과 이야기를 나누니
호남에서 오늘 청유(淸遊)[4)]를 판가름하네.

大芚寺

鱗鱗傑閣在丹丘　瑞草祥雲鎖洞齒
雲跡幾年山與重　山[5)]名千古水同流
蓬臺月出啼猿樹　金殿鐘鳴倚客樓
更臺門庭諸老語　湖南今日辨淸遊

---

1) 전남 해남군(海南郡) 두륜산(頭輪山)에 있는 절. 일명 대흥사(大興寺).
2) 단구(丹丘) : 신선이 산다는 곳. 밤낮이 밝다고 함. 여기서는 대둔사가 자리한 구역(區域)을 미화(美化)해서 나타낸 말.
3) 천고(千古) : 천년(千年). 대둔사, 일명 대흥사는 서기 551년(신라 진흥왕 7)에 창건되었으므로 이때 이미 천년이 넘었음.
4) 청유(淸遊) : 풍취 있는 놀이. 속진을 떠나 자연을 즐김.
5) 산(山) : 절. 사찰(寺刹).

낙동강

낙동강 배 위에 가을바람 불어오고
한 줄기 긴 강은 바다 향해 흐르네

백로는 쌍쌍이 외로운 돛배를 휘돌고
은빛 물고기는 힘차게 파도 위를 튀기네

송정[1]과 죽원[2]이 높고 낮게 벌여 있고
절벽에 걸린 바위는 좌우 물에 떠있네

알지 못하겠구나! 진나라 동자[3]들은 어느 곳으로 갔는고?
별천지 작은 영주[4]가 바로 여기 있는데….

洛東江

秋風來上洛東舟　　一帶長江向海流
白鷺雙雙孤帆外　　銀鱗潑潑萬波頭
松亭竹院高低列　　絶壁懸岩左右浮
不識秦童何處去　　人間別有小瀛州

---

1) 솔숲 사이에 지은 정자.
2) 뜰에 대[竹]를 심은 서원(書院).
3) 동자(童子) : 진시황(秦始皇)의 불사약을 구하러 동래(東來)한 동남동녀(童男童女) 삼천 명.
4) 영주(瀛州) : 삼신산(三神山)의 하나. 진시황과 한무제가 불사약을 구하러 사신을 보냈다는 가상적인 선경(仙境). 영주산(瀛州山).

운봉사 산영루[1] 판상시에 이어

기원[2] 서쪽 기슭에 높은 누각을 세우니
동남 칠십 주[3]의 으뜸 누각이 되었네

소나무, 회나무의 푸른 떨기 숲은 비온 뒤 윤기나고
바위산은 푸른 그림자 내리며 아지랑이 두르고 떠오르네

달빛이 탑을 비쳐 한밤중도 밝은데
물기운 스며든 마루 오월도 가을일세

아침 저녁 올라와 그윽이 홍을 내니
물병과 석장[4] 들고 원유(遠遊)할 것 없다네.

次雲峯寺山影樓板上韻

祇園西麓起高樓　　樓冠東南七十州
松檜靑叢經雨潤　　巖巒碧影帶嵐浮
蟾光照塔三更曉　　水氣侵軒五月秋
朝暮登臨幽興發　　不須缾錫遠方遊

---

1) 운봉사(雲峯寺) : 경북 문경시 운달산(雲達山)에 있는 절. 현 김룡사(金龍寺)의 옛 이름. 산영루(山影樓) : 1734년에 건립한 김룡사의 사내(寺內) 누각.
2) 기원정사(祇園精舍). 옛날 중인도 마가다국에 있던 절. 일곱 층의 가람이 있고 웅장하였다 함. 여기서는 운봉사(雲峯寺)를 미화해서 가리킴.
3) 영남의 여러 고을.
4) 석장(錫杖) : 스님들이 짚는 지팡이.

조선비가 찾아와 기뻐 화답함

구름 속의 깊은 암자 잠글 문도 없는데
신선의 지팡이가 붉은 노을 뚫고 왔네

시냇물 소리 문에 드니 선심(禪心)은 상쾌하고
나무 그늘 창에 이르니 나그네 마음은 한가롭네

날씨가 따뜻하니 옛 전각엔 제비 날아오고
달빛이 밝으니 공산엔 두견새소리인데

차가운 종소리가 밤새 울려 끝내 잠 못 이루고
구담[1]과 공안[2] 이야기를 죄다 마쳤네.

喜次趙上舍來訪

庵在雲深不設關　　仙笻穿破紫霞間
溪聲入戶禪心爽　　樹影當窓客意閑
日暖燕飛來古殿　　月明鵑語在空山
寒鐘永夜終無寐　　說盡瞿曇與孔顔

---

1) 구담(瞿曇) : 성도(成道)하기 전의 석가모니 부처님을 이르는 말.
2) 공안(孔顔) : 공자(孔子)와 안회(顔回).

칠불암에 앉아서

더벅머리 자르고 현관[1]에 들어 운방[2]에 앉았네
쥐들은 빈 들보에서 다투고 새들은 평상(平床)을 쪼네

세상 근심 적잖으나 잠은 이미 익어가고
선(禪)의 맛은 많아지나 밥맛은 되려 잊네

시내의 둥근 돌 의자는 승(僧)의 마음 맑게 하고
소나무 뜰에 달(月)을 가두니 학(鶴)은 오래 꿈꾸는데

갑작스런 찬 종소리로 선정[3]에서 나오니
바람불고 잎 떨어져 빈 뜰이 가득하네.

坐七佛庵

參玄堅拂坐雲房　鼠鬪空樑鳥啄床
無少世憂眠已熟　有多禪味食猶忘
溪環石榻僧心淨　月鎖松壇鶴夢長
忽得寒鐘方出定　風吹落葉滿虛廊

---

1) 현묘(玄妙)한 도(道)로 들어가는 문. 불도(佛道)로 귀의(歸依)하는 문.
2) 운방(雲房) : 구름이 끼는 높은 집. 스님이 거처하는 곳.
3) 선정(禪定) : 참선(參禪)하여 삼매경(三昧境)에 이름.

기천[1] 군수 정공의 시에 화답함

조그마한 사립문은 푸른 하늘 가까운데
우연히도 오늘은 품격 높은 이를 만났네

글의 근원은 멀리 은하물결에서 당겨오고
말하는 기세는 능히 발해(渤海)의 조수를 머금었네

단청한 누각에 향불이 타니 참선 자리가 고요하더니
경루[2]엔 바람 드니 깃옷[3]이 휘날리네

신선 사는 곳곳에 청유객(淸遊客)[4]이 모이니
구태여 봉래 · 영주[5]를 찾으려 옥퉁소를 불으랴?

奉次基川倅鄭公韻

三尺柴扉近碧霄　　偶然今日對高標
文源遠控銀河浪　　詞氣能含渤海潮
綵閣香燒禪榻靜　　瓊樓風入羽衣搖
仙居處處淸遊合　　不必蓬瀛吹玉簫

---

1) 경상북도 영주시에 있는 '풍기(豊基)'의 옛 이름.
2) 경루(瓊樓) : 궁전(宮殿)의 별칭. 여기서는 괄허대사와 기천 군수 정공(鄭公)과 창수(唱酬)하던 누각을 가리킴.
3) 깃옷[羽衣] : 신선이나 도사(道士)가 입는다는 옷으로 새의 깃으로 만든 옷. 여기서는 벼슬아치가 입은 관복을 가리킴.
4) 풍취(風趣) 있는 놀이꾼. 속진(俗塵)을 떠나 자연을 즐기는 나그네.
5) 봉래(蓬萊) · 영주(瀛州) : 중국에서 가상적으로 이름지은 삼신산(三神山) 중의 봉래산과 영주산. 여기서는 곧 선경(仙境)의 뜻.

삼가 청대[1]선생께 드림

벼슬 두고 돌아오신다는 기쁜 소식 들으니
어찌 그리 영화를 사양하고 이름을 숨기실 수가 있을까

그 그윽한 취미를 내가 알지만 세상 취미가 아닌 것을
그 높은 정취를 그 누가 알랴, 시속의 정도 아닌 것을

연하[2]에 언약 있어 신선 골짜기에 노시더니
티끌 세상에 무심하여 한성도 마다하셨네

봄 동산에 뜬 달을 천고(千古)의 부(富)로 하시니
지금까지 내려 비춰 맑은 정자 희롱하네.

謹呈淸臺先生

欽聞解綬歸來臥　　豈特辭榮又遯名
幽趣我知非世趣　　高情誰識不時情
烟霞有約遊仙洞　　塵土無心謝漢城
千古富春山上月　　至今流照弄淸亭

---

1) 숙종 때의 문신, 학자. 괄허대사보다 연장자이며 대사의 외척(外戚)임.
2) 연하(煙霞) : 고요한 산수의 경치. 속세를 떠난 아름다운 자연.

멋대로 읊음

오십 년 간 쌓은 일이
헤진 옷과 나물밥에 누운 선상[1]뿐일세

뜬구름은 아침 저녁 번복을 하고
흐르는 물은 동서로 고금 없이 흐르네

물고기가 뛰고 솔개가 나는 것도 모두 천성(天性)을 따름이요
꾀꼬리가 노래하고 제비가 지저귐도 모두 온전한 마음일세

고요히 만물을 보고 또 나를 보게나.
사물이나 나나 같이 한 이치로 깊네.

漫吟

五十年來成底事　　破衣蔬食臥禪床
浮雲朝暮有翻覆　　流水東西無古今
魚躍鳶飛皆率性　　鶯歌燕語各全心
靜觀萬物兼觀我　　物我混然一理深

1) 선상(禪床) : 선가(禪家)에서 설법하는 스님이 올라앉는 법상. 선대(禪臺).

관악산 영주대[1])에서

관악산에 올라가 한성을 바라보네
무성한 숲의 곱고 아름다운 기운! 멀리는 높고 가파른 산

삼각산이 북쪽을 안아 천년을 우뚝하고
한줄기 물은 남쪽을 둘러 만고에 푸르네

팔 만 장안[2])을 하늘의 해가 비추면
삼천세계가 불등(佛燈)으로 밝았네

멀리 푸른 바다쪽 아득히 바깥을 바라보면
저녁 빛 붉은 언저리를 백로가 가로지르네.

冠岳山靈珠臺

冠嶽登臨望漢城　　蔥蔥佳氣遠崢嶸
三山擁北千年屹　　一水圍南萬古淸
八萬長安天日照　　三千世界佛燈明
遙看碧海蒼茫外　　落照紅邊白鷺橫

---

1) 현 서울의 관악구와 경기도 과천시의 경계인 관악산에 있는 영주암(靈珠庵) 또는 영주대(靈珠臺). 『허백집(虛白集)』, p.19 참조. 명조(明照)의 시 「登冠岳山到靈珠庵」 참조. 현 '연주대(戀主臺)'의 이칭인 것 같음.
2) 장안(長安) : 서울을 수도(首都)라는 뜻으로 일컫는 말.

영허야! 벗어나라[1)]

꽃다운 나이에 재주가 많아 세상이 모두 기이하다고 했다
발우 주고 가사 전하며 모두가 기대를 했었다

액운으로 돌아간다면 어찌 선문(禪門)이라 하겠느냐
아! 천도(天道)를 싫어하면 마침내는 무지(無知)이니라

좋은 벼가 이삭을 맺지 않아 진실로 애석함을 참으나
병든 잎이 뿌리로 돌아간다면 흙구덩이도 가히 슬퍼하리라

적막한 산중에 가을밤은 고요하고
창에 가득 밝은 달이 새 마음을 더해주는구나.

挽影虛堂

妙年在調世稱奇　　付鉢傳衣庶有期
豈謂禪門還厄運　　却嫌天道竟無知
佳禾未穗眞堪惜　　病葉歸根坊可悲
寂寞山中秋夜靜　　滿窓明月倍新心

1) 제자 영허가 입멸할 위급한 상황에서, 그 안타까움을 하소연한 작품.

옛 덕주사[1]에서

지팡이 들고 구름을 헤치며 산허리를 오르면
저무는 하늘의 소나무 이슬에 나의[2]가 젖네

향기로운 꽃잎이 물에 떠 도원에서 나오고
가느다란 안개가 바람 타고 돌 골짝을 나네

이끼 낀 길목에선 때때로 머무는 사향을 만나고
신선의 뜰 곳곳에선 돌아가는 고라니를 만나네

옛날 신라 왕이 머물며 정비한 땅
바위 위에 남은 성가퀴[3] 아직도 흡사하네.

古德周

扶杖穿雲上翠微　　暮天松露濕蘿衣
香葩泛水桃源出　　細靄隨風石洞飛
苔徑時時逢麝宿　　仙壇處處見麞歸
往古羅王停蹕地　　岩頭殘堞尙依俙

---

1) 충북 제천군 한수면 송계리 월악산(月岳山)에 있던 절. 591년(신라 진평왕13) 덕주(德周) 부인(夫人)이 창건하여 덕주사(德周寺)라 함.
2) 나의(蘿衣) : 선태류(蘚苔類)에 속하는 이끼.
3) 지금은 북 대문만이 옛 모습을 하고 있는 덕주산성(德周山城)은 성곽을 쌓고 4대문(大門)과 야문(夜門)·수구문(水口門)을 설치하였으며, 그 안에 궁궐도 있었는데 적어도 신라 진평왕 이전에 축조된 것으로 보임.

송도에서

봄바람에 한 벌 승복으로 송경[1] 길에 들어서니
경물은 의연한데 객심은 감회롭네

허물어진 성가퀴는 지금도 남아 옛일을 생각게 하고
차가운 종소리도 변함이 없어 옛 소리를 울리네

두문동[2] 구석에는 충혼이 아득하고
만월대가 공허하니 들사슴이 찾아드네

선죽교 돌머리를 배회하면서
흘러가는 물을 보고 고금을 묻고 싶네.

松都

春風一衲松京路　　景物依然感客心
廢堞只存當日事　　寒鐘不改舊時音
杜門洞僻忠魂杳　　滿月臺空野鹿尋
徘徊善竹橋頭石　　欲向溪流問古今

---

1) 고려의 수도인 송도(松都).
2) 이성계(李成桂)가 조선을 세우자 고려의 72충신(忠臣)들이 조복(朝服)을 벗고 헌 갓을 쓴 채 이곳에 들어 충절(忠節)을 지켰다고 함.

구월산 월출암에서

신선의 언덕 높은 곳에 작은 암자가 걸렸네
머리 위의 별들은 손으로도 따겠네

돌 틈에서 솟은 물은 새하얗게 흐르고
용마루 위 뜬구름밖엔 푸른 하늘을 받들었네

나는 용(龍) 춤추는 학(鶴)이 창가에 이르렀고
화불[1]과 구선[2]들은 평상 앞에 늘어 앉았네.

영묘한 곳에 하루 머물면 정말 분명해
티끌 세상 떠난 신세 그 연유도 알겠네

九月山月出庵

丹崖百尺小庵縣　　頭上星辰手可搴
水聳石間流素練　　甍浮雲外拄靑天
飛龍舞鳳當窓畔　　化佛癯仙列案前
一宿靈區眞有分　　也知身世出塵緣

---

1) 화불(化佛) : 화보살(化菩薩) 또는 화불보살(化佛菩薩) : 중생을 구제하기 위하여 화현(化現)하는 보살. 화신(化身). 그 몸은 없으나 인연에 응하여 홀연히 환영(幻影)처럼 나타나는 부처. ↔진불(眞佛).
2) 구선(癯仙) : 파리한 신선. 구도자(求道者).

삼가 부벽루의 약포[1]선생 시에 이어

기자조선의 옛 도읍에 옛 누각이 있네
긴 수풀, 가파른 언덕, 굽어보면 맑게 흐르는 물

평화로운 파도 위엔 흰 갈매기 출몰하고
높고 낮은 푸른 봉우리들 넓은 들판에 흩어져 있네

아득히 사라졌던 구름이 날아 움직이려 하면
한가로이 노 젓던 사공 쉬지를 아니하네

성(城)에는 가득히 관개[2]가 넘쳤다는데
북쪽 끝을 돌아보면 모두가 한결 근심일세.

浮碧樓謹次藥圃先生韻

箕子古都有古樓　　長林峭壁俯淸流
白鷗出沒平波面　　碧峀高低大野頭
縹緲雲蔑飛欲動　　等閑濤楫去無休
滿城冠盖雖云盛　　回首北印摠一愁

---

1) 조선 선조 때의 문신. 임란 공신으로 왕을 의주로 호종(扈從)했으며, 이순신 · 곽재우 · 김덕령 등 명장을 발탁하였음.
2) 관개(冠蓋) : 높은 벼슬아치가 타는 수레. 말 네 필에 멍에를 메워 끎.

삼가 안주 백상루의 매월[1]선생 판상시에 이어

사군[2]이 나를 끌어 저녁 누각에 오르네
눈끝까지 모래펄인데 짙은 안개를 거두네

십리의 노을 꽃은 자리 둘레를 밝히고
한 주전자의 술로 담소하며 평상 머리에 기대네

서러운 인생을 꾀꼬리가 봄 숲에서 조잘거리고
언덕 낀 물결소리는 나그네 뱃전을 흔드네

돌아가면 높은 난간에 기대앉으려 하는데
여홍이 꽃다운 물가에 있음을 그 누가 알런가?

安州百祥樓謹次梅月先生板上韻

使君携我晚登樓　　極目平沙瘴霧收
十里烟花明榻外　　一樽談笑倚床頭
噢人鶯舌饒春樹　　挾岸波聲撼客舟
欲去還憑危檻坐　　誰知餘興在芳州

---

1) 매월(梅月) : 김시습(金時習)의 호. 신동(神童)이라 불렸으며 수양대군이 왕위에 오르자 책을 태워 버리고 스님이 되었음. 이 시는 1463년(세조 39)부터 약 2년 동안 매월당이 효령대군(孝寧大君)의 권고로 『불경언해(佛經諺解)』를 도와 내불당(內佛堂)에서 교정을 보았다는 사실(史實)과 관련이 있음.

2) 사군(使君) : 임금의 명을 받은 신하.

묘향산 상원암[1])에서

세 갈래 폭포가 나뉘어 흐르니 그 형세 절구질하는 것 같고
암자가 그 위에 있으니 두 봉우리가 보호하네

지팡이를 휘둘러 바위 앞 호랑이를 벗어나고[2])
연꽃 발우로 능히 화룡[3])을 항복시켰다네

땅을 열어 계몽함은 마땅히 신통력으로 하여야 했고
허한 것을 깁[補]기 위해서는 여왜[4])의 공을 빌려야 했네

소나무 뜰에 오래 기다리니 참란[5])이 이르는데
골을 건너온 맑은 바람 저녁 종소리 이끌어오네.

---

1) 고려조 968년(광종 19)에 탐굴(探窟) 광곽(廣廓)이 창건한 보현사(普賢寺)의 산내(山內) 암자.
2) 개산자(開山者)의 신통한 공덕(功德)을 비유해서 이름. 『능엄경(楞嚴經)』의 '자유구마력(自有驅魔力)'을 참조.
3) 화룡(火龍) : 부처님이 성도하신 3년 뒤에 독(毒)과 화염(火焰)을 품은 괴물인 화룡(火龍)을 신통력으로 굴복시킴으로써 이에 감복한 대가섭은 그의 제자 500명과 그의 동생인 우루빈다 가섭과 가야가섭도 각 300명과 200명의 제자와 함께 부처님의 제자가 되었다는 고사를 통해 개산자의 신통한 공덕을 이름.
4) 여왜(女媧) : 중국의 천지창조의 신화에 나오는 여신. 「회남자(淮南子)」에 의하면, 하늘을 받치고 있던 네 기둥이 무너지고 홍수가 났을 때 오색 돌을 빚어 하늘을 메우고 거북의 다리를 잘라 기둥삼아 하늘을 떠받쳤으며 갈 짚의 재를 쌓아 물을 빨아들였다고 함. 이 시의 함련(頷聯)과 경련(頸聯)은 주로 상원암의 창건주 및 중창주들의 신통력을 비유적으로 표현하고 있음.
5) 참란(驂鸞) : 곁말이 붙는 천자의 수레. 여기서는 귀인의 수레를 말함.

香山上院庵

三瀑分流勢若春　　庵居其上護雙峯
環節必解岩前虎　　蓮鉢能降火裏龍
開地宜蒙神禹力　　補虛應借女媧功
松壇久待驂鸞至　　度壑清風引暮鐘

석왕사[1]의 비룡루 판상운에 이어

묘향산에 이르러 지팡이로 설봉의 문을 두드렸네
옛날부터 명당(明堂)은 여러 신령이 보호한다네

부처님 자리의 금 얼굴은 삼세불[2]이고
용감[3]의 옥축[4]은 일승경[5]일세

꽃구름 그림자 속에 스님은 문을 열고
그윽한 경쇠소리에 학은 뜰에 내려앉네

임금님 서화가 빛나니 공손히 받들어 완미(玩味)하고
스스로 서러운 느낌 많아 눈물 먼저 떨어지네.

---

1) 함경남도 안변군(安邊郡) 문산면(文山面) 운봉산(雲峰山)에 있는 절. 조선 태조(太祖)가 창건하고 석왕사(釋王寺)라 명명(命名)하였음. 이태조가 태상왕(太上王)으로 있을 때 이 절에 나무를 심고 원문(園門)에다 '설봉산 석왕사(舌鋒山釋王寺)'라 제액(題額)하였고, 또 태조 어필(御筆)인 책자와 숙종 · 영조의 「어필소기(御筆小記)」가 있었다고 전함.

2) 삼세불(三世佛) : 과거불(拘那舍牟尼 · 迦葉 등 諸佛), 현재불(釋迦牟尼佛), 미래불(彌勒 등 諸佛)의 총칭.

3) 용감(龍龕) : 용의 무늬가 놓인 좋은 감실(龕室) : 탑(塔) 속에 만든 작은 방. 닫집.

4) 두루마리로 된 좋은 서화(書畵).

5) 일승경(一乘經) : 대승(大乘) · 소승(小乘) · 연각(緣覺) 등을 회삼귀일(會三歸一)하여, 신분이나 성질에 관계없이 평등하게 똑같이 최고의 불과(佛果)에 도달할 수 있는 법문(法門)인 대승경전(大乘輕典).

釋王寺次飛龍樓板上韻

香山笻叩雪峯扃　　從古明堂護百靈
猊座金容三世佛　　龍龕玉軸一乘經
曇花影裏僧開戶　　幽磬聲中鶴下庭
御墨煌煌恭奉玩　　自多悲感淚先零

또 남악의 시에 화답함

무차회[1]에서의 강설(講說)이 현묘(玄妙)하여
박수치는 뜰앞에서 도(道)의 기틀을 보았네

상승[2]을 깨달을 때 이게 바로 지혜인데
곁문으로 나아갈 길목에서 흔들림을 물리쳤네

능엄경[3]은 스스로 마력으로 모는데
지팡이로 호랑이 위협을 푸는 법을 그 누가 알랴

전해오는 우리 선가(禪家)의 무진장[4]으로
앞으로는 걸식하는 아이의 굶주림을 면해 줄 것이네.

又次南嶽韻

無遮會上講玄微　　拍子庭前見道機
上乘悟時方是慧　　旁門進處卻須揮
楞經自有驅魔力　　錫杖誰知解虎威
傳得吾家無盡藏　　從今剛免乞兒飢

---

1) 무차회(無遮會) : 성범(聖凡)・도속(道俗)・귀천(貴賤)・상하(上下)의 구별없이 일체 평등으로 재시(財施)와 법시(法施)를 행하는 큰법회(法會).
2) 상승(上乘) : 최상의 교법(敎法). 대승(大乘). 일체 번뇌를 버리고 진리를 깨달음.
3) 능엄경(楞嚴經) : 인연(因緣)과 만유(萬有)를 설명한 선종의 중요 경전.
4) 무진장(無盡藏) : 넓고 끝이 없는 덕. 닦고 닦아도 다함이 없는 법의(法義).

삼일포에서

십리 길 모난 호수를 신실(信實)히 걸어서 도네
대나무 바람 꽃비 맞으며 스스로 배회하네

사선정 위에는 으레 신선이 있고
삼일포 가운데는 해가 이미 열어주네

학을 벗한 스님은 구름 좇아 나가는데
수레 탄 귀인은 달을 향해 다가오네

오늘 노는 절승을 말해본들 무엇하랴
조그만 티끌 생각도 문득 재[灰]를 만드네.

三日浦

十里方湖信步廻　竹風花雨自徘徊
四仙亭上仙應在　三日浦中日已開
伴鶴僧從雲外去　驂鸞人向月邊來
今遊勝地論何得　多少塵思便作灰

낙산사 관음굴에서

오악[1]의 동녘 변두리 기수원(祇樹園)[2]에는
관음보살의 금 얼굴이 굴[3] 가운데서 주존(主尊)일세

파도소리가 매양 흔드니 구슬누각[4]이 움직이고
안개 기운이 마냥 서리니 그림 벽은 어둡네

멀리 가는 기러기는 달을 지고 천리를 이었고
깊숙한 큰바닷자라[5]의 머리엔 일만 구름봉우리를 실었네

청향(淸香)이 불타는 깊은 밤 깊숙이 앉으니
솔바람소리 파도소리만 고요 속에 들리네.

洛山寺觀音窟

五岳東邊祇樹園　　觀音金色窟中尊
濤聲每撼瓊樓動　　霧氣常蒸畫壁昏
征雁背承千里月　　深鰲頭載萬峯雲
淸香夜爇深深坐　　松籟潮聲靜裏聞

---

1) 오악(五岳) : 우리 나라의 다섯 명산. 곧, 동의 금강산, 서의 묘향산, 남의 지리산, 북의 백두산, 중간의 삼각산.
2) 기수원(祇樹園) : 기원정사(祇園精舍). 옛날 중인도 마가다국에 있던 극히 장려했던 일곱 층의 사찰. 여기서는 낙산사 '관음굴', 일명 '홍련암'을 가리킴.
3) 낙산사 의상대(義湘臺) 옆의 관음굴(觀音窟). 일명 홍련암(紅蓮庵).
4) 구슬누각 : 좋은 누각. 곧 관음굴(觀音窟)의 미칭(美稱).
5) 큰바닷자라[鰲=鼇] : 봉래(蓬萊) · 방장(方丈) · 영주(瀛州)의 삼신산(三神山)을 등에 지고 있다는 상상의 동물. 여기서는 바다의 큰 파도를 비유.

괄허집 2

括虛集 卷二

표충사[1] 도총섭[2] 안록[3]중수[4] 서문

만력(萬曆)[5] 임진년(壬辰年 : 1592)은 국가 존망(國家存亡)의 위급한 시운(時運)에 놓이게 되었다. 섬 오랑캐가 침범하여 조선 팔도가 차례로 무너져 내리고 있었다.

이때 청허(淸虛)[6] · 송운(松雲)[7] · 기허(騎虛)[8] 등 세 대사가 있었으니, 이분들은 함께 공문(空門)[9]에서 크게 깨달음을 갖춘 분들로서 한 번 죽음으로써 나라에 보답하겠다는 굳은 계의(計議)를 하고서 나왔다.

성조(聖祖)[10]께서는 이 뜻을 가상(嘉尙)히 여겨 팔도 도총섭(都摠攝)이란 호를 내리시고 특별히 사랑하시니, 세 대사는 감격하고 이런 특별한 지우(知遇)[11]에 대하여 눈물을 흘리며 서사(誓師)[12]하였다.

---

1) 서산대사(西山大師)와 송운대사(松雲大師)의 애국운동을 기리기 위해 경남 밀양에 세운 사당(祠堂). 서원(書院)의 예(禮)에 따라 제사를 받들고 있음.
2) 조선 중기 이후 최고위의 승직(僧職).
3) 임명록(任命錄). 임명에 대한 기록.
4) 고침. 개수(改修).
5) 명나라 신종(神宗)의 치세연호(治世年號). (1573～1619).
6) 임란(壬亂) 때의 승군장(僧軍將) 서산대사(西山大師) 휴정(休靜)의 호(號).
7) 조선 중기의 스님, 승병장(僧兵將). 사명당(四溟堂) 유정(惟政)의 호(號).
8) 조선 중기의 스님, 승병장. 청허(淸虛)의 제자로 청주(淸州)를 수복. 법명은 영규(靈圭). 속성은 밀양 박(朴)씨.
9) 제법개공(諸法皆空)의 진리를 푸는 불교의 법문(法門). 곧 '불문(佛門)'을 이름.
10) 성인이나 성왕의 조상. 여기서는 '선조대왕(宣祖大王)'을 높여서 이르는 말.
11) 나의 인격과 학식을 알아서 남이 후히 대우해 줌. 또는 그 待遇. 여기서는 선조대

청허(淸虛)가 의병으로서 조정의 군사를 도우며 무찌르고 노획하는 데 많은 공을 세웠다. 이에 조정에서는 일본에 사신 보내는 일을 의논하기에 이르렀고, 마침내 송운(松雲)이 한 벌 승복으로 바다를 건너가 임금님의 영력(靈力)을 멀리까지 창달(暢達)하게 하였으니 추한 무리들은 혁면(革面)[13]하였으며, 이때를 맞아 두 대사의 명성은 중화(中華)와 왜이(倭夷) 천하에 떨쳤다.

두 대사(大師)는 모두 하루아침에 일을 사양하고 운관(雲關)[14]으로 몸을 되돌렸으나 싸움터에서 횡사한 기마병들은 순국(殉國)으로 몸을 마쳤으니, 그 충혼(忠魂)과 의혼(義魂)이 늠름하고 생기(生氣)가 넘쳤다. 혹은 죽고 혹은 살아 비록 행(幸)과 불행(不幸)의 다름이 있었으나, 모두 가히 이르기를 일찍부터 각오하지 않았느냐 하였다.

성상(聖上)께서는 극했던 이 개연(慨然)을 후세에 이어주고 세상에 보기 드문 이 세 대사의 충(忠)을 기리기 위하여 국법(國法)으로 사당(祠堂)을 세움이 마땅하다 하여, 밀양 고을 서쪽 삼강동(三綱洞)에 사당을 건립하라는 특명을 내리시고 판액(板額)에 이르기를 '표충(表忠)'이라 하였다.

또 명하기를 밀양 고을 본부(本府)의 세시(歲時)와 같은 예법으로 봉제(奉祭)하라 하셨고, 아울러 예조(禮曹)에 첩지(帖紙)로써 명하시니 선문(禪門)의 종사(宗師) 중에서 여망(輿望)을 지고 있는 이는 이 세 사람이라고 하였다.

사당(祠堂)의 일을 맡아보게 하고는 이 사람을 원장(院長) 또는 도총섭(都摠攝) 또는 도유사(都有司)라 하였는데, 또 다른 문서에서는 이 한 사람을 도승통(都僧統)이라 한 곳도 있지마는, 인장(印章)으로 다스

왕께서 특별히 세 대사를 알아주는 대우.

12) 출정하는 장병들을 모아 놓고 훈계하고 타이르는 일.

13) 임금을 좇음. 복종함. 얼굴빛을 고침.

14) 구름의 관문. 신선의 관문. 높은 산에 있는 절의 관문. 곧 사찰.

리는 일을 허락하고 겸하여 팔도의 승려를 거느리는 일이 곧 오직 도총섭의 할 일이었으니, 이 모두가 본사(本祠)를 숭상하는 까닭이며 그리고 세상에 권하여 내려오는 바이다.

오! 성창(盛昌)하시도다! 지금 환응(喚應) 법로(法老)께서 총림(叢林)[15]의 숙덕(宿德)[16]으로서 선임에 응하시어 도총섭이 되셨도다.

취임 전에 명부의 초안을 만들어 새로 큰 명부에 붙이게 되는데, 소석(小釋)[17]이 서문을 쓰게 되니 두렵고 감히 감당하기가 어렵구나.

그러나 가만히 엎드려 생각해 보면 구역 내의 도총섭의 차례는 남북(南北)[18] 양 영역에 이르러 고루 다하였고 그 이름은 늠록(廩祿)[19]의 자리였으니 중(重)하고 혁연(赫然)[20]하지 않을 수가 없었다.

그리고, 마침내는 감히 표충(表忠)의 항례(抗禮)[21]가 되지 않을 수가 없었으니 이것은 상하를 잇는 체계가 아니고 서로 평등하게 잇는 체계였다. 조정의 관직 같은 데서는 계급이 있어서 그 세력을 스스로 얻지 못하면 이와 같이 하지 못하는데… 이 어떠한가?

다만 선문(禪門)에 돌아가 우러름도 표충(表忠)이 있는 연고이니 그 임무를 돌아보면 중하고도 크지 아니한가? 바야흐로 지금 경예(鯨鯢)[22]가 첩식(帖息)[23]하였으니 바다의 파도가 놀라지 않게 되었다.

---

15) 특히 중앙에 있는 큰 선림(禪林). 강원(講院)・선원(禪院)・율원(律院)을 갖춘 종합 도량(道場).

16) 덕망이 높은 장로승(長老僧).

17) 스님이 자신을 낮추어서 일컫는 말. 소승(小僧).

18) 남쪽과 북쪽. 중국 선종의 남종(南宗)과 북종(北宗). 선(禪)과 교종(敎宗). 돈오주의(頓悟主義)와 점오주의(漸悟主義).

19) 벼슬아치에게 주는 관록(官祿)이나 관황(官況).

20) 위세가 대단한 모양. 빛나서 성한 모양. 혁연하지 : 위세가 대단하지

21) 한편이 기울지 않는 동등한 예(禮). 또 그런 예로 대접함. 동등한 대우.

22) 고래의 수컷과 암컷. 고래. 작은 물고기를 잡아먹는다고 해서 '악인의 우두머리'를 비유.

23) 마음을 놓음. 안도(安堵)함. 조용해짐.

그러나 이 자리에 임명된 사람은 오직 마땅히 삼대사(三大師)의 마음을 내 마음으로 하여, 때가 평화로우면 몸을 감암(嵌巖)[24]에 깃들이고 정미하게 도를 닦아 묘각(妙覺)[25]이 계합(契合)[26]함으로써 대체로 삼대사의 심인(心印)을 전하고서야 불행에서 벗어날 수가 있을 것이다.

그러므로 삼대사의 때를 만난다면 곧 마땅히 충(忠)에 분발하고 정성을 다해 목숨을 걸고 의(義)를 위해 달려가 삼대사처럼 성취한 연후라야 바야흐로 가히 이에 임했다 할 것이니 성상(聖上)의 뜻에도 보답이 될 것이다.

만약 이것을 버리고 유유 녹록[27]한다면 살아서 불은(佛恩)에 보답함이 없고, 죽어서도 후세에 들리는 바가 없을 것인즉, 국가에서 이 도총섭의 이름을 세워둔 것은 불문(佛門)의 영리가 될 뿐인데 어찌 중하지 아니하고 탓할 일이겠는가?

여러 장로(長老)께서는 반드시 이 안록(案錄)에 임(臨[28])했으며 서로 근심하고 경계하고 격려하였다. 이 문안의 결과가 부족할 줄 알거니와 총림(叢林에서 보완하여 이를 것이니라.

24) 바위 굴(窟). 여기서는 깊은 산 속의 사찰.
25) 좋은 깨달음. 정각(正覺)따위.
26) 부합(符合).
27) 유유(悠悠) : 한가한 모양. 녹록(碌碌) : 하잘것없다. 변변치 아니하다.
28) 여기서는 '살펴보고 참작하다'의 뜻.

김룡사[1] 주지 임명록 서문

임안(任案)[2]의 기록이 있음으로써 임원들의 이름을 열기(列記)하여 그 자취가 없어지지 아니한다.

우리 불가(佛家)에서는 이름이나 업적 같은 바깥의 일에는 초연하지만 한 사찰 가운데 백십 명이나 되는 사람이 위로는 성전(聖殿)[3]에 나아가 받들어 공양하고, 아래로는 승도들의 계율(戒律)을 잡으며, 기타 공사간의 일과 빈객들의 접대를 하게 하는 등, 여러 가지 주고받는 절목(節目)[4]이 넓고 번잡하므로 다스리는 사람이 가히 없을 수가 없느니라.

그래서 반드시 한 사찰 가운데 명망 있는 사무자를 택하여 이 한 사람에게 이런 일을 맡기게 되니, 이 사람을 이름하여 주지(住持)라고 한다. 매년 교체되므로 이에 그 사람들의 이름을 나란히 써서 비치해 두어 후일의 참고가 되게 하니, 아! 이 문안을 만드는 일이 어찌 헛된 일이겠는가?

장차 후인들로 하여금 이 문안을 펼쳐보게 함으로써 그 이름을 지적해 이르기를, 어느 대사는 어질고 어느 대사는 어질지 않으며, 어느 대사는 능력이 있고, 어느 대사는 능력이 없다고 이르게 하는 것

1) 경북 문경군 삼북면 운달산(雲達山)에 있는 절. 초창기 이름은 '운봉사(雲峯寺)'.
2) 임명(任命)의 안권(案卷). 곧, 임명록(任命錄).
3) 불전(佛殿). 불당(佛堂).
4) 조목(條目).

이니 이것이 곧 이 문서이니라.

다만 옳은 스님 옳은 법(法)의 거울이 될 뿐만 아니라 이에 또한 옳은 경계(鏡戒),[5] 옳은 징계(懲戒)의 전철(前轍)[6]이 되기도 한다.

덧붙인다면 지난 날 평범하게 지내다가 주지를 맡은 자들이 또한 스스로 면려(勉勵)한 까닭도 어찌 알지 아니하겠는가?

---

5) 분명히 타일러 조심하게 함. 경계(鏡戒)≒경계(警戒).

6) 앞에 지나간 수레바퀴의 자국. 이전 사람의 그릇된 일이나 행동의 자취. 여기서는 '기준(基準)'의 뜻.

삼성암[1] 불량 및 등촉계 서문

무릇 효(孝)는 백행(百行)의 근원이요, 인(仁)은 오상(五常[2])의 으뜸이니 인(仁)으로써 중생을 구제하고 효(孝)로써 어버이를 존경하는 것이다. 이러므로 고금의 스님과 속인은 삼보(三寶[3])와 존친(尊親)에서 뜻을 다투었지만 육도(六度[4])에 정성을 다해 중생을 구제하는 것이 이 암자이다.

이 암자는 신라 삼성(三聖[5])의 도량(道場)이었는데 비록 성인은 가셨다고 하나 도량은 오히려 남았으니, 이룸(成)과 헒(毁)이 일치하지 아니하여 향화(香火[6])가 끊어진 지가 오래되었구나!

은혜로운 도인[7]을 맞아 옛 암자를 중수하고 또 시주(施主)와 더불어 믿음으로 합모(合謀)하여 수전(水田)에 물을 대고 등촉(燈燭)을 모아 영원히 삼보(三寶)에 바치려고 하나니,

---

1) 경북 상산읍(현 상주시)의 서북 모퉁이 도솔산 밑에 있던 절.

2) 오상(五常) : 인(仁)·의(義)·예(禮)·지(智)·신(信). 세속오계(世俗五戒) : 사군이충(事君以忠)·사친이효(事親以孝)·교우이신(交友以信)·임전무퇴(臨戰無退)·살생유택(殺生有擇).

3) 불(佛)과 법(法)과 승(僧). 여기서는 불·법·승을 받드는 일.

4) 육도(六度) : 육바라밀(六婆羅蜜). 열반(涅槃)의 피안(彼岸)에 이르기 위한 보살(菩薩)의 여섯 가지 수행. 곧 보시(布施)·지계(持戒)·인욕(忍辱)·정진(精進)·선정(禪定)·지혜(智慧)의 총칭.

5) 원효(元曉)·의상(義湘).·나옹화상(懶翁和尙).

6) 향불. 제사(祭祀)의 이칭(異稱). 명복을 비는 불공. 재공(齋供).

7) 도사(道士) : 도(道)를 닦는 사람. 선인(仙人). 불도를 닦아 깨달은 사람.

아! 인(仁)을 받들어 중생을 구제하고자 하는 자가 그 어느 도인이던고?

효(孝)를 받들어 어버이를 존경해 오던 자가 그 누가 믿음으로써 시주하려는고?

나는 그 일을 아름다이 여겨 그 꽃다운 이름을 간략히 기록해 뒷날에 보이고자 하노라.

칠봉산 백련암[1]의 옛 누각과 후각의 중수에 대한 기록

명나라 영명(永明) 황제 후 세 번째 경인년(庚寅年 : 1770) 겨울, 내가 강 오른쪽을 따라 오르니 이 암자에는 사승이 머무르고 있었다.

이해 봄에 암자의 모든 스님들이 재물을 모으고 일을 시작해 옛 누각 하나를 중수하고 증축도 해놓고는 나에게 부탁하므로 이를 기록하노라.

대체로 만물은 이름 없는 것이 없는데 홀로 이 누각만이 오래도록 이름이 없고 기록도 없으니 어찌된 일인고? 이것은 대개 옛날에 서두르지 않았기 때문이리라.

이 누각은 이미 산수간에 있고, 산이 일곱 봉우리요, 물은 쌍 갈래 흐름이다. 두 가닥 시냇물에는 일곱 봉우리의 구름이 그림자 하나하나를 누각 가운데 숨겼다가 나타냈다가 하므로 이름하여 운영(雲影)이라 함이 아마도 옳을 것이다.

구름이란 색(色)[2]이요
그림자란 공(空)[3]이나

---

1) 경북 상주시 은척면 황령사(黃嶺寺)의 산내 암자였음.
2) 오온(五蘊)의 하나. 눈에 보이는 현상세계. 곧 가시적(可視的) 물질세계.
3) 공(空) : 속이 텅 빈 것. 속에 아무것도 없는 것. 실체(實體)가 없는 것. [참고] 중생(衆生)이나 제법(諸法)이 모두 인연(因緣)으로 말미암아 임시적으로 화합하여 된 것이므로 따로 불변의 실체가 없음.

그림자[影]는 구름[雲]에서 떠나지 않으며
구름[雲]이란 그림자[影]를 떠나지 않으니

공(空)은 곧 색(色)이요
색(色)은 곧 공(空)이다.

공(空)과 색(色)의 이치가 운영(雲影)에 있고
하물며 구름이 산수(山水)의 취향(趣向)을 머금고 있으므로

운영루(雲影樓)에 올라가 산의 그림자[山影]를
사랑하는 자는 인자(仁者)의 낙(樂)이 있고,

운영루(雲影樓)에 올라가 물의 그림자[水影]를
사랑하는 자는 지자(智者)의 낙(樂)이 있어

이 인(仁)과 지(智)의 즐거움이 또한
이 운영루(雲影樓)에 있는 것이다.

접(接)함으로 인해
인지(仁智)를 장양(長養[4])하는 법(法)이
오직 경전(經典)에만 있겠는가?

귀[耳]와 눈[目]이라는 것이

4) 기름[育成]. 양성(養成)함.

나타나게는
해와 달, 바람과 우레, 산과 내, 풀과 나무를
보고 들으며,

은밀하게는
굽히고 펴고, 가고 오고
소멸하고 자라고, 나아가고 물러섬 등을
보고 들으니

구태(舊態)를 씻음에 부족함이 없고 그리고 새로운 앎을 열어 준다. 군자의 마음은 일찍이 이러함에 있었는데 어찌 모름지기 나아가지 아니했겠는가?

이 운영루에 오른 자가 혹 형색지간(形色之間)[5]에 마음을 두고 맛과 냄새만을 즐기는 정(情)에 빠진다면, 비유하건대, 들판에 노니는 벌이나 나비처럼 동동거리며 아침 저녁으로 그칠 줄 모른다면, 비록 마음을 쓰고 힘을 쓴다고 해도 얻는 것이 적을 것이니라. 이것이 어찌 족히

운영(雲影)의 깊은 취지(趣旨)를 말하는 것이 아니며
성현(聖賢)의 학(學)의 귀중함을 말하는 것이 아닌가.

이치를 궁구(窮究)함에 있어서 천성을 다하여
이 마음에 하나의 누(累)도 없게 한 연후에

5) 겉으로 나타난 풍경. 곧 외물의 유혹.

형(形)에서 구하되 형(形)의 밖이 되고
정(情)으로 대하되 정(情)의 겉이 되면

물(物)에 빠져들지 않으면서도
각각 적의(適宜)한 즐거움이 있고

그 물(物)을 내가 모두 써도
그 씀이 오래고 다함이 없는 고로

가지는 바 좇아 만족하고
이르는 바 좇아 편안하며
머무는 바 좇아 즐겁도다.

이익과 복록(福祿)은 시켜서 더럽힐 수가 없고
산림(山林)도 시켜서 서늘하게 할 수가 없도다.

출처(出處)가 은밀하든 겉으로 드러나든간에
앞으로 반드시 이와 같지 아니한 것이 없을 것이로다.

바야흐로 운영(雲影)의 취지를
더불어 논하였으니

후에 가히 운영루(雲影樓)에 오르는 자, 어찌
서로 면려(勉勵)하지 아니하겠는가?

칠봉산 영지암기

세상에 비상한 사람이 있는가 하면 땅에는 비상한 기운이 있다. 하늘에는 비와 이슬이 있는가 하면 땅에는 풀과 나무가 있고 풀에는 비상한 영지가 있다. 이슬에는 감로(甘露)가 있어서 질펀하게 내려 반짝반짝 꽃을 피울 때 어찌 가히 평범한 이빨이라고만 하겠는가?

무릇 하늘과 땅 사이에 머리가 둥글고 발이 모난 사람들이 가득하되, 조화롭게 우뚝이 서서 살아 꿈지럭거리는 물체를 대체 그 누가 천지의 기(氣)가 이루어 놓은 것이 아니라고 하겠는가? 그리고 그 가운데 나아가 있다면 그는 비상한 자가 분명하니라.

고을 서쪽에는 산이 있는데 우거지게 융기했으니, 이것은 산의 비상함이다. 봉우리의 한 가지가 서에서 남으로, 또 남에서 비스듬히 가다가 다시 동에서 끝을 맺으며 되돌아와 합쳐져 한 구역을 지었다. 비록 높은 숲과 큰 구렁은 없어도 봉우리가 되돌아오고, 골짜기가 굽으면서 체세가 평온해져 샘물은 감로(甘露)의 맛이 있으며 풀은 영지(靈芝)의 특이함이 있으니, 이것이 바로 터[基]의 비상함이다.

이와 같은 지형이 있어 비밀을 지켜 발설하지 아니하고, 스스로 흐르는 물이 있는데도 거칠게 하늘을 가린 가운데 이 애초부터 사람을 기다리고 있지 아니하던가.

지난 갑술년(甲戌年) 봄에 그 이름이 취신(就信)이라는 청신사(淸信士)[1]가 있어 재물을 모으고 힘을 쏟아 조그마한 암자를 지어놓고 암자 이름을 '영지암(靈芝庵)'이라 하였다. 그 규모가 비록 크고 넓지는 않으나 높고 앞이 확 트여 가히 편안히 좌선(坐禪)하고 고요히 생각하며 분향 점촉(焚香點燭)하고 생령(生靈[2])을 위해 축복할 만한 장소가 되었다.

스스로 이 밖에 많은 납자(衲子)를 얻고 또 얻으니 오래 머물러 있었다. 감천수(甘泉水)를 마시며 영지를 캐고, 노송(老松)에 기대어 뜬 구름을 바라보며 물아(物我)의 표면에서 구하여 심신(心身)의 안을 얻는 자락(自樂)이 있었으니, 이것은 사람의 비상함이다.

얼마 되지 않아 유연(悠然)한 가운데 마음의 깨달음이 있었다.

나(我)를 잊고서는 물(物)을 바라보고
물(物)을 잊고서는 도(道)를 바라보니
천지를 봄이 오히려 한 집[家]을 보는 것과 같았고
만세를 봄이 오히려 하루 아침을 보는 것과 같으며
내몸을 봄이 오히려 만물을 모두 보는 것과 같았다.

그러나 만물은 맑게 할 수도 없고 더럽힐 수도 없는 것이다.

세상에서 선풍 도골(仙風道骨[3])이라 이르는 자들이 바야흐로 이 사람을 따르고, 천지의 비상한 기운을 모아 신령스러운 구역을 다스리는 비상한 즐거움을 가졌는데도 이에 향취(向取)되지 아니하니, 이가 이르는바 비상인(非常人)이로다 .

---

1) 거사(居士). 신사(信士).
2) 생명(生命)
3) 남달리 뛰어나고 고아한 풍채.

복우산 백련암[1] 신창기

나는 갑술년(甲戌年 : 1754) 가을, 일선(一善[2])의 북쪽에 있는 백련정사(白蓮精舍[3])에 들렀다. 정사의 주인은 우리 동문(同門)의 어른 낙봉(洛峯) 노스님이었다.

말을 건너기에 내가 이르기를, 이 암자의 경영이 새롭고 실(實)하기 위해서는 본사에 적을 올려 여러 사람의 힘을 모아야 하고, 그 공을 기록함에 있어서도 그 사실에 부족함이 없는 유공자의 증빙 기록이 되어야 한다고 하였다. 나는 노스님에게 다시 말하기를, 모야(某也)의 조충소기(雕蟲小技[4])로서는 감당하기 어려웠을 것이라고 하였다.

그런데 이 암자는 복우산(伏牛山)의 서쪽 낙수(洛水 : 낙동강) 위에 자리잡고 있으며, 옛날에는 다람쥐와 박쥐, 산도깨비들의 길이었는데, 지금은 변하여 깎아 만든 섬돌 위에 원장(垣墻[5])이 이루어졌다. 옛날의 가시 얽힌 잡목의 땅이 지금은 변하여 큰 용마루와 서까래가 우뚝이 날개를 펴니 그 동쪽은 청화산(青華山)이요, 남쪽은 금오산(金

1) 경북 구미시 옥성면 신촌리 복우산에 있던 암자.
2) 경상북도 선산(善山)의 옛 행정구역명. 현재는 구미시(龜尾市).
3) 백련정사(白蓮精舍) : 백련암(白蓮庵). 정사(精舍) : 학문을 가르치려고 베푼 집. 정신을 수양하는 곳. 스님이 불도를 닦는 곳.
4) 문장을 짓는데 너무 글귀만을 수식하는 일. 또는 그렇게 하는 사람. 여기서는 곧 잔 재주꾼.
5) 담. 집을 둘러싸는 시설물.

烏山), 서쪽은 취서산(鷲棲山), 북쪽은 가라산(迦羅山)이다.

별이 바둑판의 포석처럼 벌이니 왼편으로는 감로수의 샘이 있고, 오른편으로는 위수(渭水) 같은 물이 있는데 역시 모든 갈래가 낙동강으로 돌아간다.

낙동강의 바람, 돛단배, 물결, 배 젓는 노, 물고기, 자라, 갈매기, 백로와 더불어 복우산의 밝은 달, 맑은 바람, 돌아가는 구름, 지는 저녁놀 등 모두가 암자에서 내려다보는 광활한 풍경을 서로 도우니 마침내 악신(岳神)에게는 기쁨을 띠게 하고 곡신(谷神)에게는 하송(賀頌)을 맡게 한다.

혹시 여러 공(公)들의 현명한 수고가 아니었다면 그 어찌 이와 같이 만들 수가 있었겠는가? 아! 이땅의 승경(勝景)이 지금에 나타났도다. 만약 이것이 신령스럽다고 한다면 옛날의 퇴폐(頹廢)는 그 누구의 잘못이었을까? 하늘로 말미암아 잘 아껴진 땅의 비밀을 그 사람들을 기다려 발기(發起)하게 하였던가?

그 푸른빛 호연지기(浩然之氣)가 떠올라 하나되어 마침내는 태허(太虛)의 충막(冲漠)[6]의 본원(本源)으로 돌아가니, 이 암자는 이미 본원 중에 있으므로 곧 가히 홍몽(鴻濛)[7]을 끼고 희이(希夷)[8]를 이루는 곳이라 할 만하도다.

대체로, 복우산의 형세는 높이 솟아 낙동강에 휘감겨 읍(揖)하는 듯하고, 낙동강의 긴 물결은 넓고 넓은데 복우산의 가로 띠를 이루었다.

---

6) 막연하여 일정함이 없음. '충막무짐 만상삼여(冲漠無朕萬象森然)'의 준말 : 공허하고 광막하여 아무 조짐도 없는 천지 사이에 장차 만물이 생겨나려는 형상(形象)이 삼연(森然)히 이어진다는 뜻으로, '무(無) 가운데 유(有)가 있고 정(靜) 가운데 동(動)이 있음'을 이르는 말.

7) 홍몽(鴻蒙≒鴻濛) : 천지 자연의 원기. 천지가 아직 나뉘어지기 이전의 상태.

8) 심오(深奧)한 도리(道理). 도(道)의 본체(本體).

또 '백련(白蓮)'이란 아름다운 편액(扁額)을 얻었으니 백(白)이란 오색(五色)의 하나이며 서방(西方)에 속하고, 연(蓮)이란 모든 꽃의 왕(王)이니 꽃과 열매가 함께 피고 맺는다. 그런즉 모두 서방(西方[9])의 구품연화(九品蓮花[10])의 묘를 취하므로 무릇 이와 같이 칭하였을 것이로다.

대체로 이러한데 곧 어찌 정진(精進)을 괴로워하며 훗날 바야흐로 구품(九品)의 자리에 오르지 아니하겠는가?

옛 사람이 이르기를 서천(西天[11])이 곧 이땅이라 하였으니, 이렇게 보면 백련(白蓮)이 곧 구품(九品)이요 구품(九品)이 곧 백련(白蓮)이다.

원근(遠近)을 다 잡아당기고 나면 그것과 이것이 없어지고 함께 하나로 원융(圓融[12])하니 청정(淸淨[13])의 장(藏[14])이 곧 이 보장이니라. 이것을 보장하기 위해서는 살타(薩埵[15])의 인(因[16])과 박가(薄伽[17])의 과(果[18])뿐만이 아니라 또 이에 낙수의 청풍(淸風)이 도와 이것을 보장하고, 복우산의 밝은 달이 도와 이것을 보장하느니라.

---

9) 서방(西方)≒서방극락(西方極樂) : 서쪽으로 십만 억(十萬億) 국토를 지나서 있는 아미타불(阿彌陀佛)의 세계. 극락정토(極樂淨土). 서방세계(西方世界). 서방정토(西方淨土). 서방안락국(西方安樂國). 서방 십만억토(西方十萬億土) 아미타불 : 서방정토에 있다는 부처님으로 무량광불(無量光佛) 또는 무량수불(無量壽佛)이라고도 함.
10) 구품연대(九品蓮臺). 구품으로 나뉜 극락세계에 있는 연꽃대의 등급. 중생이 극락에 왕생하여 앉는 연대(蓮臺)인데 평생 지은 업(業)의 깊고 얕음에 따라 구등(九等)으로 나뉨. 구품(九品)≒구품연화(九品蓮花)≒구품연대.
11) 서천 서역국(西天西域國). 인도(印度)의 옛 호칭. 여기서는 '서방정토'의 뜻.
12) 아무 구별이 없이 한데 통(通)함. 원만히 융통(融通)함. 일체의 여러 법(法)의 사리(事理)가 구별 없이 널리 융통하여 하나가 됨.
13) 맑고 깨끗함. 죄가 없이 깨끗함.
14) 장(藏)≒보장(寶藏) : 소중히 보관하여 둠. 중생(衆生)의 괴로움을 구하는 묘법(妙法)의 비유. 보배를 보관하여 두는 곳집.
15) 중생(衆生). 보리살타(菩提薩埵) : 보살(菩薩)
16) 인(因)≒인행(因行) : 극락정토에 이르는 방법으로서의 원인되는 행위.
17) 박가(薄伽)≒박가범(薄伽梵) : 석가세존(釋迦世尊).
18) 과(果)≒불과(佛果) : 불도 수행으로 얻은 과보(果報). 성불의 증과(證果).

이로 인해 비풍말월지배(批風抹月之輩)[19]들에게 풍치(風馳)[20]하니 돌아가는 것도 잊어버리고 인(因)을 닦아 과(果)를 향해 수업(修業)하는 무리들이 구름처럼 모여 흩어지지 아니하여 바로 충막(沖漠)의 근원이 되었다.

원융(圓融)을 간직하면 함께 장구(長久)할 것인즉, 곧 암자가 오래갈 것이라고 하였더니 이로 인해 생각한 노스님의 말이 암자의 이루어짐과 헐어짐은 진실로 이치의 떳떳함에 매였다고 하였다.

도모(圖謀)함이 족히 상리(常理)에서 벗어나지 아니하였다. 다만 백련(白蓮)이라 칭한 것은 과연 말한 바와 같이 불멸(不滅)과 같은 것인즉, 당시 공(功)을 세운 사람들의 이름[名]이 이미 불멸(不滅)하고 오늘 낙봉(洛峯) 노스님의 공명(功名)을 기록함이 또한 따라서 불멸(不滅)할 것이로다. 내가 거듭 이르거니와 이런즉 진실로 이러하니라. 그러나

명(名)[21]이라는 것은 실(實)의 손님이요
실(實)[22]이라는 것은 명(名)의 주인이니

그 이름[名]이라는 것이 마침내는 또 태허(太虛)의 충막(沖漠) 끝에 돌아가 머무를 것인즉, 곧 어떻게 하겠소?

노스님은 빙그레 웃으며 이를 받아들였다.

---

19) 자연에 귀의해 즐기고 수도(修道)하는 자들.
20) 교화(敎化)가 널리 퍼짐. 덕풍(德風)이 고루 미침.
21) 사람 또는 사물의 이름. 외형(外形). 외관(外觀). 언어(言語). 문자(文字).
22) 실상(實相). 진실(眞實). 본체(本體). 내용(內容).

화장암[1] 후불탱[2]기

대체로 진불(眞佛)이란, 무한량(無限量)[3]이고 무변표(無邊表)[4]이므로, 하나의 물(物)도 가히 이에 견줄 것이 없고 하나의 물(物)도 가히 이를 덮을 것이 없느니라. 그러므로

이 몸의 크기로는 가히 수미산도 비교가 안 되고
이 양의 넓이로는 가히 태허로도 비교가 안 된다.

이러므로 진실로 가히 색상(色相[5])의 허물어짐이 없는 온전함이요 그 속에 있는 생각[念]을 말하느니라.

그리고 무한량(無限量)을 헤아린다는 것은 말로써 헤아린다는 것이며, 무변표(無邊表)의 형상(形狀)을 어떤 조소자(雕塑[6]者)가 형상화(形象化)했다면 이것은 가짜 부처이니라.

그러나 가짜라는 것은 사람에게 있는 것이지 부처에는 없다. 옛날에 우전왕(于塡王)[7]이 나무로써 새기고 가섭존자(迦葉尊者)가 도금(鍍

---

1) 경북 문경시 산북면 김룡리 운달산(雲達山)에 있는 김룡사의 산내 암자.
2) 불상(佛像) 뒤에 모시는 탱화(幀畫 : 그림으로 그려서 벽에 거는 불상).
3) 수가 제한이 없음. 수없이 많음
4) 겉[表]이 가[邊]가 없음. 무한대(無限大).
5) 불신(佛身)의 모습. 육안으로 볼 수 있는 모든 물질의 형상.
6) 소상(塑像)으로 새김. 소상(塑像) : 점토(粘土)로 만든 인물의 모형.
7) B.C. 6세기경의 인도 반사국의 왕. 우전왕(于塡王)이 부처를 뵙지 못한 괴로움으로

金)하였으니 불상을 설치하는 풍습은 그 유래가 오래되었느니라.

암자의 중수가 무인년(戊寅年 : 1758)에 있었다. 그러나 힘이 닫지 못하여 그림 그리는 일로 바꾸었다. 색채를 꾸민 것이 날아갔었고 그것을 본 사람들은 탄식을 일으켰다. 이때에 화추(花芻)가 순헌(順憲)에게, 스스로 분개하며 새로 중수할 뜻이 있다는 것을 말했다고 한다.

이에 을유년(乙酉年 : 1765) 봄 정월에 사람을 모집하고 재물을 모으며 뛰어난 기술자를 맞이하니, 금 가운데 금이요 그림 가운데 그림이었다. 한 달도 못 되어 공사의 마침을 고하였다.

곧 「화장회상도(華藏會上圖)」[8] 일부에, 대비(大悲)[9] 석상(石像)은 1구인데 용(龍)[10]과 천신(天神)[11]과 지지(地祇)[12]들은 한 무리를 이루었으니, 아! 이른바 화관(花冠)[13] · 영락(瓔珞)[14] · 천의(天衣)[15] 등 장엄(莊嚴)[16]한 속물들이 황홀하게 눈을 가득 채우는구나!

화현(化現)[17]하기를, 하늘의 별과 달이 맑고도 밝아 푸른 구슬이 떨어지는 것과 같았고, 공중에 걸린 등촉(燈燭)은 빛과 빛이 서로 마주 비추었다.

칠처구회(七處九會)[18]의 의식(儀式)과 보타(寶陁)[19] 암굴의 황홀한

병이 나자 신하들이 왕을 위하여 우두산(牛頭山)의 향목(香木) 우두전단(牛頭栴檀)으로 불상을 만든 것이 최초의 불상. 여기서 불상 만드는 풍습이 유래했다고 함.

8) 『화엄경』을 설하는 법회 모습의 그림.

9) 관세음보살(觀世音菩薩)의 이칭.

10) 용왕(龍王).

11) 하늘의 신. 호천상제(昊天上帝). 천왕(天王). 천인(天人).

12) 토지(土地)의 신(神). 땅의 신.

13) 칠보로 꾸민 여자의 관. 화관 족두리. 여기서는 칠보로 꾸민 보살이 쓰는 보관.

14) 목 · 팔 같은 곳에 두르는 구슬을 꿴 장식품.

15) 천인(天人)의 옷. 선녀가 입는 옷.

16) 좋고 아름다운 것으로 국토를 장식하고 훌륭한 공덕을 쌓아 몸을 장식하며 향이나 꽃을 올려 부처님을 장식하는 일. 엄숙하게 꾸밈.

17) 불보살(佛菩薩)이 중생을 교화하고 구제하기 위하여 여러 가지로 모형을 변하여 이 세상에 나타나는 일.

모습을 하물며 이곳에 옮겨 놓았으니 진실로 화장세계(華藏世界)[20]로다.

마침내 인연을 돕게 한 자, 쳐다보고 예배하는 자, 모두가 수승(殊勝)한 일에 의해 여래(如來)의 현묘한 장엄(莊嚴)의 영역에 이르렀도다.

곧 이것은 거짓에 의거해 진계(眞界)에 들어가는 것이니, 아! 두 사람의 공덕이 광대하고 심원하다고 하지 아니하겠는가.

내가 이 일의 주간자가 되고 보니 그 두 사람의 자취가 인몰(湮沒)되어 전하지 못 하게 될까 가여운 생각이 들어 조잡하나마 해와 달을 기록해 두노라.

---

18) 부처님이 『화엄경』을 설할 때 모인 자리. 일곱 곳에서 아홉 번 설했음.

19) 보타락(寶陁落)의 준말. 범어 potalka의 음역. 보타락(補陁落) : 인도의 남해안에 있는, 관세음보살이 머무는 팔각형의 산이라고 하며, 이 산의 화수(華樹)는 광명과 방향(芳香)을 낸다고 하는데 관음의 영현(靈現)에 관하여 쓰이는 말. 또는 관음의 영장(靈場)을 말함.

20) 연화장세계(蓮華藏世界). 연화에서 출생한 세계. 또, 연화 속에 함장(含藏)된 세계. 여기서는 '비로자나불(法身佛, 報身佛)의 세계,' 곧, 광명의 세계.

운암사[1] 극락전 중창기

해동(海東)[2]에는 명산(名山)이 많다. 산에는 임궁(琳宮)[3]과 범우(梵宇)[4]가 있어 불상을 받들고 불경을 간직하고 있으며, 설재(設齋)하여 주문(呪文[5])을 외니 모두 불도(佛道)를 숭상하는 발단이 된다.

지금의 문경(聞慶) 남쪽, 유곡(幽谷)의 서쪽에 산이 있으니, 이 재악산(宰嶽山)에 있는 절을 운암사(雲岩寺)라고 한다. 옛 기록을 조사해 보았으나 글자가 흉악하여 상세히는 알 수가 없었는데 사찰은 대체로 오래되었다. 당나라 의봉(儀鳳)[6] 원년(元年 : 676) 후 을묘년(乙卯年 : 679)에 의상조사(義湘祖師)께서 처음 절을 창건하셨다.

불행하게도 만력(萬曆)[7] 임진년(壬辰年 : 1592)에 병화(兵火)를 입었는데, 순치(順治)[8] 15년 무술년(戊戌年 : 1658) 가을에 산인(山人) 영준(靈俊) 스님이 먼저 승료(僧寮)[9]를 짓고, 강희(康熙) 28년[10] 을사년(乙巳

---

1) 경북 문경시(聞慶市) 점촌동 불정리(佛井里) 재악산(宰岳山)에 있는 절.
2) 발해(渤海)의 동쪽에 있는 나라라는 뜻으로 옛날 우리 나라를 일컫던 이름.
3) 아름답게 잘 꾸며진 사원(寺院)이나 사찰(寺刹).
4) 부처님을 모신 불당(佛堂)·불우(佛宇)·불전(佛殿).
5) 다라니(陀羅尼)의 문구(文句). 다라니(陀羅尼) : 선법(善法)을 갖추어 악법을 막는다는 뜻. 범문(梵文)으로 된 긴 구를 번역하지 아니하고 그대로 독송하는 일. 진언(眞言). 총지(摠持).
6) 당(唐)나라 고종(高宗) 시대의 연호(676~679).
7) 명나라 신종(神宗) 시대의 연호(1573~1619).
8) 중국 청나라 세조시대의 연호(1644~1661).
9) 스님이 거처하는 집.
10) 강희(康熙) : 청의 성조(聖祖) 시대의 연호(1662~1772). 원본에는 '십팔년(十八年)'

年 : 1689)에 이르러 비구승(比丘僧)인 해특(海特) · 인경(印瓊) · 극한(克閒) 스님 등이 뒤이어 법당을 지었다고 했다.

그러나 대체로 만물은 쇠퇴와 홍왕, 존속과 멸망의 운수가 있으니, 그 사이에 있어서 곧 이 전각은 오랜 세월이 반복하는 동안 거듭된 전복(顚覆)이 있었으나 괴이한 일은 아니다.

건륭(乾隆)[11] 사십팔년 계묘년(癸卯年 : 1783)에 여러 스님들 모두가 고루 힘써 모연(募緣)[12]하였고 이어 을사년(乙巳年 : 1785) 봄에 옛 건물을 철거하기 시작하여 그 규모를 넓혔으니 아! 상하(上下)의 을사년(乙巳年)에는 모두가 서로 호응(呼應)하였도다.

만약 현 스님들의 공이 없었던들 어찌 옛 스님들의 덕이 드러날 수가 있었으며, 옛 스님들의 복축[13]이 없었던들 어찌 현 스님들의 중창이 있었겠는가? 고금(古今)이 상부하여 공덕이 이에 갖추어졌도다.

이에 불경과 불상을 받들고 재법(齋法)[14]을 암송하니 도(道)가 길을 찾고 낙(樂)이 즐거움을 찾았다.

이에 따라 운물(雲物)[15]이 기뻐 날뛰며 모두가 덕색(德色)을 띠었으니 옛 사람들이 글제를 내던 뜻이 또한 이러한 데 있지 아니했던가. 이 절의 스님들이 징빙(徵憑) 기록을 나에게 가져와 내가 그 사실을 기록하여 뒷날 상고(詳考)하게 하노라.

으로 되어 있으나 이십팔년(二十八年)의 '二'가 탈락된 듯함. 연대를 상고해 보면 을사년(乙巳年)은 강희(康熙) 이십팔년(二十八年)이기 때문이다.

11) 청나라 고종(高宗) 시대의 연호(1736~1795).

12) 스님이 시주(施主)에게 돈이나 물건을 기부하게 하여 선연(善緣)을 맺게 함.

13) 복축(卜築) : 살 만한 땅을 가려서 그곳에 집을 지음. 여기서는 터를 미리 잡고 건축을 계획함.

14) 재계(齋戒), 재공(齋供), 재기(齋祈) 등의 법도(法度).

15) 운기(雲氣)의 빛깔 또는 햇무리(日暈)의 빛깔. 경치. 풍광(風光).

도솔산 삼성암 중수기

유혜(維慧)라는 도인(道人)이 있어 나와 함께 같은 해에 조사관(祖師關)[1]에 마음을 두고 가산(佳山)을 편력(遍歷)한 적이 있었다.

물결에 멍에한 빈배처럼, 산골짜기를 떠나간 구름처럼 육칠 년 동안 내내 까마득히 소식이 없더니 붉은 단풍철인 한가을에 소백산(小白山) 가운데 있는 나를 찾아와 '삼성암(三聖庵) 중수기(重修記)'를 요구하기에 이르노라.

상산읍(商山邑)의 영내(領內) 서북 모퉁이의 도솔산(兜率山) 밑에 한 이름난 구역이 있으니, 동부(洞府)는 그윽하고 한적하며 샘과 돌이 맑고 아름답다.

뒤를 휘두른 것은 곧 천길 석벽(石壁)이요, 앞을 마주하면 곧 연이은 봉우리가 겹겹이며, 원근(遠近)의 강산(江山)이 손을 맞잡고는 읍(揖)하고 있다. 창 밖으론 천연(天然)의 수묵화(水墨畵) 병풍(屛風)이 구부러져 둘렀으니, 이곳은 이른바 천지(天地)의 비장(秘藏)[2]이요 영진(靈眞)[3]의 굴택(窟宅)[4]이다.

우리 해동(海東)의 원효(元曉)·의상(義湘)·나옹(懶翁) 등 세 분 대

---

1) 조사선(祖師禪)의 관문(關門). 도를 닦는 수행자는 이 관문을 통과해야 도를 닦을 수 있다고 함.

2) 비밀히 감추어서 소중히 간직함.

3) 존엄(尊嚴)한 진리(眞理)·진실(眞實)·진여(眞如).

4) 굴집. 자연(自然)의 아름다운 가경(佳境) 속에 자리잡은 비장(秘藏)의 사찰.

성사(大聖師)께서 여기에 석장(錫杖)을 놓고 쉬시며 풀로 새끼를 꼬아 암자를 맺음으로써 자수용(自受用)[5]의 청정(淸淨) 낙토(樂土)가 되었다.

물소리를 들으며 산빛을 바라보면 도(道)는 그것이 도(道)요 낙(樂)은 그것이 낙(樂)이니, 정말 안심입명(安心立命)[6]할 곳을 지으셨느니라.

아! 삼성(三聖)께서는 서천(西天)으로 가시고 유허(遺墟)에서 풍월(風月)만이 홀로 조상(弔喪)한 지가 오래로다!

순치(順治)[7] 연간에 이르러 산인(山人) 모(某)가 이 암자를 중수하고 편액(扁額)[8]에 삼성암(三聖庵)이라 하였다. 또 강희(康熙)[9] 연간에 개토(開土)[10]한 모(某)가 이어 제2의 창건주(創建主)였다.

건륭(乾隆)[11] 을미년(乙未年 : 1775)에 빈도(貧道)[12]가 향악(香岳)[13]에서 이 암자에 다시 돌아오니 암자가 황폐한 지 오래되었다고 하였다. 기둥을 어루만지며 한탄하기를 암자의 폐흥(廢興)과 사람의 존몰(存沒)을 그 사이에 서로 찾아보는 것은 이치의 떳떳함이라 하였다고 하니 조금도 괴이한 일이 아니었다.

그러나 세 성인의 안신입명처(安身立命處)에 잡초가 우거지고 황폐하여 잠시도 기다릴 여유가 없는데도 가히 어느 하나 곁눈질하는 사

---

5) 부처님이 그 깨달음의 즐거움을 스스로 수용(受用)하는 자리(自利)의 면(面). 타수용(他受用)과 반대.

6) 안심에 의하여 몸을 천명(天命)에 맡기고 생사 이해에 대하여 태연함. 인사(人事)를 다하여 천운에 맡기고 의혹(疑惑) 외겁(畏怯)하지 아니함. 생사의 도리를 깨달아 내세의 안심을 꾀하는 일.

7) 중국 청나라 세조(世祖) 시대의 연호(1644～1661).

8) 벽이나 문 위에 걸어놓는 그림이나 글씨의 액자(額子).

9) 중국 청나라 성조(聖祖) 시대의 연호(1662～1722).

10) 집터를 닦음. 여기서는 곧 개축(改築)을 뜻함.

11) 중국 청나라 고종(高宗) 시대의 연호(1736～1795).

12) 스님이나 도사(道士)가 자기를 낮추어 일컫는 말. 소승(小僧). 여기서는 유혜도인(維慧道人).

13) 묘향산(妙香山).

람조차 없었으니 옳은 일인가? 이에 여러 스님들과 함께 모여 중수할 일을 같이 계획하고 인연과 재물을 모아 금년 봄에 경영을 시작하여 칠개월이 걸려 공사를 겨우 마쳤다고 하였다.

무릇 당(堂)과 실(室), 마루와 난간, 부엌, 계단과 원장(垣墻) 등이 증축되었으니 날개를 바라보면 마치 도솔천(兜率天)[14]의 천궁(天宮)[15]과 비슷하며 이에 바위와 숲의 아름다운 풍경이 배로 증가되었다고 하였다.

그의 안색이 한 마디를 빌어 벽에 걸고자 하는 것 같아 찾아온 사람에게 생각한 바가 있고 느낌이 있는데 그 암자의 훼손(毁損)과 보수(補修)에 따른 할 말이 없겠는가? 다시 말하기를 나는 육칠 년 전부터 강학(講學)을 끝내고 붓과 벼루의 일도 끝낸 데다가 하물며 숙병(宿病)에 빠진 지가 여러 해 되었으니 다만 돌아가 내 말을 암자 사람들에게 알리라 하고 이르기를, 내가 다른 날 병을 몰아낸 후에 그 암자에 한번 가서 여러 선사(禪師)들과 더불어 세 성인(聖人)들의 안신입명처(安身立命處)에 나란히 앉아 객진(客塵)[16]을 떨쳐버리고 심경(心境)을 가라앉힌 후에 불자(拂子)는 세워놓되 지팡이는 팽개치고 즐기는 가운데 하나하나를 터득해 보자고 하였다.

본지(本地)[17] 풍광(風光)[18]이 곧 세 성인(聖人)의 모습이므로 이 자리가 밝고 삼성(三聖)의 도(道)가 더욱 빛을 낼 것이로다.

도인(道人)은 이미 이에 제3의 중창의 주인이므로 곧 여러 선사(禪

---

14) 욕계(欲界)의 육천(六天) 중 넷째 하늘. 내외(內外)의 두 원(院)이 있는데 내원(內院)은 미륵보살이 살면서 석가의 교화(敎化)를 받지 못한 중생을 위하여 설법하며, 외원(外院)은 천중(天衆)의 환락(歡樂) 장소라 함.

15) 천제(天帝)의 궁전.

16) 속진(俗塵). 번뇌(煩惱).

17) 살고 있는 이 땅. 불보살이 중생 제도를 위해 임시로 나타난 수적신(垂迹身)에 대해 그 진실신(眞實身)인 불보살을 이름. 중의법.

18) 경치. 덕화(德化)가 빛남. 중의법

師)들과 더불어 삼가 한만(閑漫)[19]하게 여기어 세월만 보내지 말 것이니라.

중수(重修)한 옛 사람의 마음과 전답(田畓)이 고인(古人)들의 안신(安身) 입명(立命)[20]한 곳에 이르러 있고 하늘과 땅이 생긴 이래 계속 이어갈 것인즉, 바야흐로 이 삼성(三聖)의 참 기록(記錄)을 어찌 다시 문자(文字)로 기록할 수가 있겠는가?

---

19) 아주 한가하고 느긋함.
20) 천명(天命)을 좇아 마음의 안정을 얻음.

장산의 보장암기

상지(上之)[1] 오십이년 병신년(丙申年 : 1776)년 봄 정월 그믐날, 괄허(括虛)는 소백산 가운데 있었다. 두심(斗心)이라는 한 스님이 찾아와 문을 두드리며 글을 빌리려고 말하였다.

영월부(寧越府) 남쪽 백리 밖에 장산(藏山)[2]이란 산이 솟아 구름에 꽂힌 흰 돌을 어지러이 벌여놓으니 청량산(清凉山)과 상하(上下)를 다투는 뛰어난 절경인데, 이러한 도솔(兜率)[3]의 옛 터가 외로운 토끼의 길이 되고 고라니와 사슴이 노니는 장소가 되어 산인(山人)들도 개탄(慨歎)하는 얼굴빛을 비춰 왔다고 하였다.

여기는 나와 함께 여러 인연을 모아 이미 갑오년(甲午年 : 1774) 봄에 일을 시작했던 곳이지만, 옛터를 닦아 문은 돌로 기와는 판자로 새 암자를 얽으니, 대청 · 방 · 주방 · 마루를 만든 것이 무려 열여덟 간이나 된다고 하였다.

편액(扁額)에 보장암(寶藏庵)[4]이라 하였더니 공(公)께서 한 마디 '수암(壽庵)'이란 이름을 내려달라고 원했다. 내가 곧 그의 입을 막으며,

---

1) 상지(上之) : 임금님(의). 괄허스님이 생존했던 병신년(丙申年)은 서기 1776년이므로 곧 조선조 22대 '영조(英祖)'를 가리킴.
2) 강원도 영월군 상동읍에 소재한 산. 해발 1,409m.
3) 도솔천(兜率天)의 준말. 여기서는 환락(歡樂)과 교화(敎化)를 함께 할 수 있는 좋은 사찰을 비유(比喩)하고 있음.
4) 강원도 영월 장산(藏山)에 있는 암자.

그치게! 그쳐! 우리 불조(佛祖)[5]께서는 만법(萬法)이 하나의 허(虛)[6]임을 보이셨고, 지금 그대는 허(虛)에서 와서 허옹(虛翁)[7]에게 청(請)하고 있으니 이것은 허(虛) 가운데의 허(虛)일세.

다만 암자로 돌아가 여러 사람들에게 내 이야기를 알리라 하고 말하기를,

나는 산도 모르고 암자 이름도 모르고 있다. 실로 그 결과 편안하니라. 그것이

백규(白圭)[8]를 간직함[藏]에서인가?
황금(黃金)[9]을 간직함[藏]에서인가?

눈[雪]과 달[月], 바람[風]과 꽃[花]을 간직함에서인가?
구름[雲]과 노을[霞], 샘[泉]과 돌[石]을 간직함에서인가?

이렇게 마음을 비우지 않았다면 이 사람으로 하여금 가고 머무르고 앉고 눕게 하고, 업(業)과 업(業)을 다투게 하며, 부지런히 애쓰게 했을 것일세. 나에게 있어서는, 이 평범한 사나이가 그 오장산(五藏山) 가운데에서 무진장(無盡藏)의 보장(寶藏)[10]을 얻은 것일세.

분명하도다. 분명하도다.

---

5) 불교의 개조(開祖). 곧, 석가모니 부처님.
6) 허공계(虛空界). 곧, 진여(眞如)를 말함. 진여(眞如) : 우주 만유(萬有)의 실체로서 현실적이며 평등 무차별한 절대의 진리. 진제(眞諦). 실상(實相). 진실(眞實). (철학) : 실(實)의 반대 개념. 유(有)의 반대 개념인 무(無)와는 성격이 다름.
7) 곧 '괄허(括虛)'.
8) 희고 맑은 옥(玉). 여기서는 귀중한 '보물'을 비유함.
9) 누런 금. 돈. 재물(財物).
10) 중생의 괴로움을 구하는 '묘법(妙法)'의 비유.

깨달아 앎이 밝음 되도다.

밝음에 자리하니 항상 적정(寂靜)[11]하고
적정(寂靜)에 자리하니 항상 밝음 되나니

밝음과 적정은 동시의 바탕이요
이곳이 밝힘의 보장(寶藏)[12]이라네.

심(心)[13]이던가? 심(心)이던가?
깨우쳐 앎이 심(心)이던가?

마음[心]을 털고 경물(境物)[14]을 바라보고
경물(境物)을 털고 마음[心]을 바라봄으로써

마음과 경물(境物)을 다 잊게 되는 밑바닥
이것이 두심(斗心)[15]의 보장(寶藏)이라네.

이 속에 이르고 보면 곧

색(色)[16]색(色)이 보장(寶藏)이요

---

11) 번뇌를 떠나 고(苦)를 멸(滅)한 해탈(解脫).
12) 중생(衆生)의 괴로움을 구하는 묘법(妙法)의 비유.
13) '마음[心]' 또는 '두심(斗心)'. 두심(斗心) : 마음을 텲. 인명(人名). 여기서는 세 가지 뜻으로 생각해 보게 하는 함축적 · 다의적 표현의 묘미를 보임.
14) 주위(周圍)의 사물.
15) 마음을 털다. 지금 글을 빌리려고 장산에 찾아와 마주앉아 있는 두심(斗心) 스님. 여기서는 앞뒤의 해석이 모두 가능한 중의법(重義法)으로 묘미(妙味)를 보이고 있음.

성(聲)[17] 성(聲)이 보장(寶藏)일세.

이것이 이른바 여래(如來)의 정법(正法)을 눈에 간직함이요 장산(藏山)의 보장(寶藏)이 곧 이러한 것인데, 어떻게 풀로 엮은 공덕을 기록하고, 어떻게 이용할 것인가가 괄허(括虛)의 갈등(葛藤)이 아닐런가?

이에 심복(心服)하고 웃으며 공경히 명을 듣겠노라 하였다.

---

16) 오온(五蘊)의 하나. 눈에 보이는 현상세계, 곧 물질세계.

17) 소리. 말. 이름[名]. 여기서는 귀가 인식하는 대상으로, 눈에는 보이지 않지만 서로 막고 합하는 성질이 있는 것. 곧 눈으로 볼 수 없는 인식의 대상.

보장암의 불상기

보장암(寶藏庵)의 두타승(頭陀僧) 두심(斗心)이 수백 리를 달려와 용산(龍山)[1]에 있는 나를 만나 곧 '불상기(佛像記)'를 청하여 말하였다. 빈도(貧道)가 지난 계사년(癸巳年 : 1773) 봄, 저곳에 함께 있어서 수좌(首座)[2]께서 힘을 나누어 재물을 모으시던 것을 잘 알고 있습니다. 용산(龍山)에서 쉬시는데 하나의 회(繪)[3]를 가지고 뵙게 되었으니, 영산탱(靈山幀)[4] 일부에 소조(塑造)[5]한 대비상(大悲[6]像) 1구(一軀)를 그린 것인데 잠시 황급하여 기록하지 못했습니다. 청컨대 한 말씀 내려 주십시오 하였다.

내가 말하기를, 말겁(末劫)[7]에 지은 불사(佛事)는 심히 수승(殊勝)[8]하였느니라. 그리고 대체로 부처[佛]라는 것은 다만 공적(空寂)[9]을 근

---

1) 문경(聞慶)에 있는 운달산(雲達山)의 별칭.
2) 수석(首席). 국사(國師)의 존칭. 여기서는 괄허대사(括虛大師)에 대한 존칭.
3) 그림을 그려 염문(染紋)한 직물(織物).
4) 영산전(靈山殿)에 봉안(奉安)하는 탱화(幀畵).
5) 진흙으로 조각(彫刻)의 원형(原型)을 만듦.
6) 관세음보살(觀世音菩薩)의 이칭(異稱).
7) 성(成)·주(住)·괴(壞)·공(空)의 사겁(四劫)을 합친 대겁(大劫) 중 괴겁(壞劫). 괴겁은 주겁(住劫) 뒤에 화재(火災)·수재(水災)·풍재(風災)의 대삼재(大三災)가 일어나 세계가 파괴되고 공무(空無)로 돌아가기까지의 동안. 여기서는 중국 역사상 혼란했던 오대십국(五代十國)시대를 가리킴. 그러나 불교(佛敎)는 오히려 성(盛)하였던 시대.
8) 기이(奇異)하고 특이(特異)함. 가장 우수한 일. 특히 뛰어난 일.
9) 만물이 모두 실체(實體)가 없고 상주(常住)가 없음.

본으로 하되 오히려 가짜 색상(色相)[10]이 아니니 하물며 언설(言說)이 필요하겠느냐마는 핵심을 말하자면,

바람은 본성이 허(虛)[11]하되 나무로 점칠 수가 있고
부처는 본성이 공(空)[12]하되 색(色)[13]으로 볼 수 있다.

이러므로 우전왕(于塡王)[14]은 불상(佛像)을 새겨 부처님을 흠모(欽慕)하였고, 대가섭(大迦葉)[15]은 불상(佛像)을 도금(鍍金)하여 부처님을 공경하였으니 이것이 바로 색상(色相)이 아니었던가?

내가 말하기를, 그런즉
불상은 마음 밖의 형상이 아니며
중생은 부처 밖의 마음이 아니다.

그러므로 세존(世尊)[16]께서 이르시기를 마음·부처·중생, 이 셋은 차별이 없다고 하셨으며,

---

10) 육안으로 볼 수 있는 모든 물질의 형상. 여기서는 불상(佛像)의 모습.
11) '실(實)'의 반대개념. '유(有)'의 반대개념인 '무(無)'와는 다름. 공허(空虛)함. 내용이 없음.
12) 속이 텅 빈 것. 아무것도 없는 것. 중생(衆生)이나 제법(諸法)이 모두 인연(因緣)으로 말미암아 임시적으로 화합하여 된 것이므로 따로 불변의 실체(實體)가 없음.
13) 형상(形相). 『반야심경』, '색즉시공(色卽是空), 공즉시색(空卽是色).'
14) B.C. 6세기경의 인도 반사국의 왕. 우데나(Udena)의 음역. 이 왕 때 우두산의 향목 우두전단(牛頭栴檀)으로 처음 불상(佛像)을 만들었으며, 그의 출생부터의 생애와 모험은 미화되어 인도문학의 중요한 소재가 되고 있음.
15) 불타의 십대제자의 한 사람. 마하가섭(摩訶迦葉). 소욕지족(少慾知足)의 두타행(頭陀行) 제일의 성자(聖者)로서 크게 중요시되었음.
16) 석가모니(釋迦牟尼) 부처님의 존칭.

남전(南泉)[17]이 이르기를
이것만의 불(佛)이 아니고
이것만의 심(心)이 아니며
이것만의 물(物)이 아니니
이 셋이 곧 하나요 하나가 곧 셋이므로, 셋과 하나는 함께 일원(一圓)이 되고 함께 혼합된다 하였으므로

공(空)이 곧 색(色)이요
색(色)이 곧 공(空)이다.

공(空)과 색(色)은 하나가 아니면서 둘도 아닌 것이 당연한데도 마침내는 그대가 근본 도리를 터득하지 못하는구나. 심(心)[18]아! 심(心)아! 밝음에 돌아가 궁(窮)함을 밝힐지어다.

이 같은 사소한 전지(田地)[19]에만 머무른다면 곧 덕산(德山)[20]과 임제(臨濟)[21]의 방할(棒喝)[22]로써 알게 하는 분부(分付)가 있었느니라.

어찌 수고로이 수백 리를 찾아와서 이 늙은이에게 수다스러우냐 하였다. 두심(斗心)이 이에 받아들이고 가더니라.

---

17) 남전(南泉) : 중국 당나라 때의 선승(禪僧). 남전(南泉)에 선원(禪院)을 짓고 30년 동안 제자를 키워 많은 고승(高僧)을 배출하였음.
18) 심(心) : 두심(斗心) 또는 마음. 두심 : 인명. 여기서는 중의법(重義法).
19) 전답(田畓). 곧 '재물(財物)' 또는 '형색(形色)'의 비유.
20) 선감(宣鑑, 782~865) : 중국의 선승(禪僧). 검남인(儉南人). 속성(俗姓)은 주씨(周氏). 대중년간(大中年間 : 847~860)에 덕산정사에서 종풍(宗風)을 크게 떨침. 시호 : 견성대사(見聖大師).
21) 의현(義玄, ?~867) : 중국의 선승(禪僧). 속성(俗姓)은 형씨(邢氏). 임제종(臨濟宗)의 개조(開祖).
22) 선사(禪師)가 불법(佛法)을 깨닫지 못하는 제자를 심하게 꾸짖기도 하고 막대기로 때리기도 하는 수행(修行).

월현당기

문인(門人)[1] 체운(體雲)이 조령(鳥嶺)으로부터 찾아와 용산(龍山)에 있는 나를 보고 '월현당기(月現堂記)'를 요구하며 말하였다.

법당(法堂)의 전번 창건이 순치(順治) 18년 을사년(乙巳年 : 1665) 사월 보름에 있었는데 당시의 간사(幹事)는 곧 옛 기록이 분명하지 않아 기록을 남기지 못했으나 대체로 창건된 지는 오래되었다고 하였다.

곧 허물어질 날이 임박했으므로 화주승(化主僧)인 지순(智詢) 등 세 사람이 재물을 모으고 공인(工人)을 불러 건륭(乾隆) 45년 경자년(庚子年 : 1780) 사월 보름에 중수하였는데, 원컨대 전말(顚末)을 기록해 뒷날 보이고자 한다고 하였다.

내가 말하기를 당(堂)의 지난번 창건이 이미 사월 보름에 있었고 중수가 또 사월 보름에 있었으니, 해는 비록 다르다 하더라도 달과 날이 서로 부합하니 진실로 사물의 홍함은 때를 기다림이 있느니라 하였다.

사월은 열두 달 중에 순양(純陽)[2]이 극(極)에 이르고
보름은 서른 밤 중에 원만(圓滿)[3]이 극(極)에 이른다.

---

1) 문하(門下)에서 가르침을 받는 사람. 제자(弟子). 문하생(門下生). 자기 문중 사람.
2) 강건(强健)하여 부단히 활동하는 기(氣). 또는, 순수한 양기(陽氣).

이 월현당에 머무는 자는 반드시 순양을 닦아 정도(正道)를 밝힐 것이며, 이로써 원만하여 편중하지 아니한 이치를 깨달을 것인즉, 하늘과 같은 바른 성품과 달과 같이 밝고 원만한 마음이 그때 따라 앞에 나타날 것이므로, 이후로는 바야흐로 '월현(月現)'의 뜻을 믿을 것이니라 하였다. 문인(門人)은 이에 마음으로 받아들이고 가더니라.

---

3) 공덕이 가득 참. 결함이나 부족함이 없음.

윤장[1]기

우리 석가모니(釋迦牟尼) 부처님께서 49년 간[2] 종횡무진(縱橫無盡) 설(說)하신 법(法)이 본디부터 경(經)·율(律)·론(論)[3] 삼장(三藏)[4]을 창출(創出)한 것은 아니지만 삼장(三藏)은 오직 수승(殊勝)하고, 또한 나의 일심(一心)에서 나온 것도 아니지만

일심(一心)이 곧 삼장(三藏)이요
삼장(三藏)이 곧 일심(一心)이니

삼장(三藏)과 일심(一心)은
함께 원융(圓融)하고 함께 혼합되느니라.

정(定)[5]은 도(道)에서 얻는 것이 아니고 묘법(妙法)[6]을 말하는데, 묘

---

1) 축(軸)을 세우고 여덟 개의 면(面)을 가진 경가(經架)를 만들어 여기에 경(經)을 넣어 자유로이 선전(旋轉)하게 한 장치. 경북 예천군 용문면의 소백산 용문사(龍門寺)에 드물게도 설치되어 있음.
2) 고구정녕(苦口丁寧) 45년설과 49년설이 있음. 苦口丁寧 : 모든 중생을 교화 제도하는 전도 사업.
3) 삼장(三藏)을 말함.
4) 불타의 설법을 결집한 경장(經藏)과 교단이 지켜야 할 계율(戒律)을 결집한 율장(律藏)과 교리의 연구 논석(論釋)을 모은 논장(論藏)의 세 가지 불서(佛書).
5) 마음을 한곳에 집중하여 움직이지 아니하는 안정된 상태. 선정(禪定).
6) 훌륭하고 신기한 불법(佛法). 불교의 신기하고 묘한 법문. 『묘법연화경』.

법은 다만 마음속에 있어 알지 못하므로 말하기는 쉬우나 날로 사용할 줄을 모른다.

이리하여 법인(法印)[7]이 나와서 황권(黃劵)[8]이 되고, 황권(黃劵)이 윤각(輪閣)[9]에 간직되어 쉬지 않고 돌고 있는 것은 법륜(法輪)[10]이 항상 돌고 있음을 비유하는 것이다.

원하건대, 지혜(智慧)를 깊이는 모든 사람들이여!

정진(精進)해서 물러나지 않는다면 반드시 얻지 못하던 근본 도리(道理)를 터득할 것이니라.

---

7) 불교를 외도(外道)와 구별하기 위한 표지(標識). 불법(佛法)이 참되고 부동불변(不動不變)함을 나타내는 표. 즉 진리(眞理).
8) 책(冊). 여기서는 불교 경전(經典)을 말함.
9) 빙글빙글 돌릴 수 있는 책장. 경북 예천 용문사의 대장전(大藏殿)에 드물게도 윤장대(輪藏臺)가 설치되어 있음.
10) 부처님의 교법(敎法)이 널리 퍼져 감을 이름. 법의 수레바퀴.

송죽동 사우정[1]기

흰쥐가 금빛 달 아래 노니는 송죽동(松竹洞)의 주인(主人)이 일부러 나를 찾아와 이르기를, 올 봄에 송죽동 서편에 조그마한 집을 지었는데 겨우 거문고, 책, 안석, 지팡이를 들여놓을 만하여 장차 아이들 글방으로 삼고자 하니 이에 의(義)로운 이름을 지어서 좀 기록해 주기를 바란다고 하였다.

내가 이르기를, 주인은 이미 송죽동(松竹洞)에 집을 두었으니 대체로 송죽(松竹)이라는 것은 초목(草木) 중의 군자(君子)요 이를 사랑하는 자(者)는 사람 중의 군자(君子)이니라. 또한

소나무[松]란 겉이 곧[直]으면서도 속이 굳[堅]고
대나무[竹]란 속이 비[虛]었으면서 겉이 곧[貞]다

그러므로 서리를 능멸하고 절의(節義)는 더욱이 오설(傲雪[2])에 대항하니 지조(志操)가 있으면서도 더욱 고결(高潔)하다. 이런고로 옛 사람들이 이 송죽(松竹)을 군자대부(君子大夫)에 견주었느니라.

이미 솔[松]과 대[竹]가 있는데다가

---

1) 괄허대사의 속가(俗家) 마을인 문경시 산양면 송죽동(松竹洞)에 있는 정자.
2) 거만하게 마구 내리는 눈.

마땅히 바람[風]과 달[月]이 있으니

대체로

바람[風]은 순하면서도 팔방의 만물을 움직이며 청허(淸虛[3])함이 있고

달[月]은 밝은 빛을 떨쳐 어둠을 깨뜨리면서도 이지러짐과 참[盈]의 변화를 일으키며

솔[松]은 바람을 띠로 하니 그 소리가 구슬 부수는 것과 같고

대[竹]는 달을 맞이하니 그 빛이 금가루를 뿌리는 것과 같으니

색(色)은 가히 시계(視界)를 맑게 하고

소리[聲]는 가히 귓속[耳根]을 시원하게 한다.

이러함으로써 이 넷은 이름을 얻었으니 이름이 허망하지 아니하고 스스로 그 의의(意義)를 가졌느니라. 하필 이런 일을 병든 늙은이에게 요구하고 이에 더욱이 잘 다듬기를 청하는고? 드디어 붓을 잡고 종이를 펼치며 주인에게 말하기를 딴 날 선생을 맞아 이 방에 앉아 학생들과 더불어,

소나무를 가리켜 그 직(直[4])을 가르치고

대나무를 가리켜 그 정(貞[5])을 가르치며

솔바람을 가리켜 그 청(淸[6])을 가르치고

달[月]을 가리켜 그 명(明[7])을 가르쳐서

---

3) 마음이 맑고 잡된 생각이 없이 깨끗함.

4) 곧다. 굳세다. 바르다. 옳다. 여기서는 곧 곧음.

5) 곧다. 정하다. 안정하다. 정조. 진실하다. 여기서는 곧 진실한 마음.

6) 맑다. 사념(邪念)이 없다. 깨끗하다. 여기서는 곧 맑음.

7) 밝다. 깨끗하다. 여기서는 곧 밝음.

몽체(蒙滯[8])에서 격발(激發[9])하게 한 연후에 또 효제(孝悌), 충신(忠信), 예의(禮義), 염치(廉恥) 등의 도(道)를 가르치고 나아가 풍(風), 아(雅), 부(賦), 비(比) 등으로 두터이 향상시킨다면 곧 성현(聖賢)의 영역에 들 날을 헤아리게 될 것이니라. 그런즉

송(松)을 가진 이름이 좋을 것인가?
죽(竹)을 가진 이름이 좋을 것인가?
풍(風)과
월(月)을 가진 이름이 좋을 것인가?

아! 한 집안에 네 개의 미명(美名)이 함께 있으니 그 중 하나로 할 수가 없어 마침내 이름하여 '사우실(四友室)'이라 하였느니라.

오직 주인이 이 사우(四友)를 사랑하고 이 네 벗의 의(義)를 잘 알고 있으니 곧 어찌 홀로 이룬 군자(君子)이겠는가?

또한 대체로 늙고 병든 괄허(括虛)의 말이 헛되지 않음도 알 것이라고 하였다.

8) 몽매(蒙昧)하고 침체(沈滯)함.
9) 격동(激動)하여 일어남.

대미산 석선암기

월악산(月嶽山)[1]의 동쪽 대미산(待彌山)[2] 구석에 한 석굴(石窟)이 있으니, 네 면을 깎은 듯한 스스로 만들어진 열 자 크기의 방장(方丈)이다.

푸른 시냇물이 천 구비를 휘돌고 푸른 바위가 치솟아 만 길이나 되는 듯하며[3] 겹겹이 쌓인 봉우리가 팔짱을 낀 듯, 읍(揖)을 하는 듯, 사자바위 호랑이바위는 곁눈질하는 듯, 웅크린 듯도 하다.

그 밖의 맑은 시내와 너럭바위, 푸른 병풍과 푸른 숲의 절승(絶勝)이 모두 서로 돕고 있으니 한 석굴의 그윽한 정취(情趣)는 대미산(待彌山)의 제일경(第一景)이다.

이 지방 사람들이 서로 전하여 말하기를 옛날에 그 기질(氣質)이 차가우며 여위고 수염과 눈썹이 넓고도 큰 사람이 있었다 한다. 여러 해를 이 굴에서 숨어살다 보니 양식이 한 톨도 없이 떨어졌다.

그러나 밤이면 굴에 들어가고 낮이면 대(臺)로 나오므로 나무하는 아이, 소먹이는 늙은이가 혹 보고 놀라며 기이하게 여기면서 가히 사람인지 아닌지를 판단하기가 어려웠다고 한다. 신선이 된 후 스스로

---

1) 충청북도 제천시 한수면(寒水面)과 덕산면(德山面)의 경계에 위치한 산. 충주호(忠州湖)가 접해 있음.

2) 문경읍 중평리에 있는 산. 대미산(黛眉山)이라고도 함.

3) 여기서의 '천 구비', '만 길'은 과장이지만 개인의 인상적 표현이란 점에서 당위성이 인정된다.

굴 이마에 돌을 내려 굴 문을 닫아놓고 사람이 들어오지 못하게 했으니 오오, 이상하도다! 문을 닫은 자는 앞으로 문을 열 징조이던가?

석굴(石窟)의 신선(神仙)은 부처님 그림을 소원(所願)한 흔적이 바위 벽 위에 희미하게 남아 있고 굴 밖에도 또 유지(遺址)[4]가 남아 있는데 아름드리 나무의 촘촘한 떨기 꽃이 옛 섬돌에 기대어 스스로 피었다가 스스로 떨어지곤 한다.

때는 을미년(乙未年 : 1775) 봄인데, 화주승(化主僧) 연징(演澄)이 단월(檀越) 조감봉(趙甘奉)과 더불어 한탄하며 말하기를, 이름난 구역(區域)이 퇴폐해 있으나 개척하지 않는 것은 사람이라 하였다.

이에, 나무를 치고 가시를 베어내니 청조(靑鳥)[5] 고사(故事)를 빌리지 않더라도 풍감(風鑑)[6]할 수가 있었으니 드디어 스님의 도량(道場)을 개축(開築)하고 편액(扁額)에 이르기를 석선암(石仙庵)이라 하였다.

아! 옛날의 와해(瓦解)를 지금 막 옥성(玉成)[7]하였도다! 뒷날 여기에 머무는 자들은 마땅히 개축자(開築者)들의 지옥 같았던 고통과 특발(特發)한 용맹의 의지(意志)를 추념(追念)하렷다.

의심(疑心)의 그물을 끊고 객진(客塵)[8]을 씻으며, 해탈(解脫)의 향(香)을 불사르고 반야등(般若燈)[9]을 밝히며, 조주(趙州)[10] 스님의 다(茶)를 마시고 선열(禪悅)[11]을 먹으며, 원숭이 같은 교활(狡猾)을 없애고 물에

4) 옛날 축조물(築造物)이 있었던 빈 터.
5) 푸른 새가 온 것을 보고 동방삭(東方朔)이가 서왕모(西王母)의 사자(使者)라고 한 고사.
6) 용모와 풍채로써 성질을 감정함.
7) 완전무결(完全無缺)하게 이룸.
8) 번뇌(煩惱).
9) 실상(實相)과 진여(眞如)를 달관(達觀)하는 지혜를 밝히는 등불.
10) 조주(趙州, 778~897) : 선가(禪家) 오종(五宗) 중 임제종(臨濟宗)의 남전 보원(南泉普願)의 법제자. 조주(趙州) 스님의 설법은 단 한마디 '다(茶)나 마시고 가거라.'이다. 이것은 곧 교외별전(敎外別傳)·불립문자(不立文字)·이심전심(以心傳心)의 선정법(禪定法)이다.

엎드린 암소처럼 순박해져 금색계(金色界)[12]에 오른다면, 곧 이에 이름한 금선(金仙)[13]은 석굴(石窟) 속의 신선(神仙)보다 천만 억배나 나을 것이니, 힘쓸지어다! 힘쓸지어다!

11) 선정(禪定)에 들어간 즐거움.
12) 극락세계(極樂世界). 불국토. 부처님의 세계.
13) 금빛 나는 신선. 곧 불타의 별칭. 여기서는 성불자(成佛者)의 미칭(美稱).

금강암[1] 중수기

이 암자, 누가 금강암(金剛庵)이라 하였던고? 금강암(金剛庵)은 어떻게 건물이 없는데도 이름 중에서도 강(强)한 이름이던고?

곧 바로 진묵겁(塵墨劫)[2] 전의 공왕(空王)[3]의 옛 궁전과도 다름이 없고 구별이 없으니, 아나(阿那)[4]하게 하나하나를 지은 대장장이는 금강(金剛)[5]을 두들겨 그 옛 전각(殿閣)을 낳[緝]은 것이었을까.

그러나 비록 이처럼 한 조각의 공한지(空閑地)로 버려져 있으나 곁눈질하는 사람조차 없은 지가 오래되었도다. 대들보와 기둥이 기울고 담과 벽이 무너져 허물어졌으니, 이 옛날의 늙은 작가(作家)의 지혜와 솜씨는 그림자조차 없어지지 아니했는가.

그 누가 다시 금강(金剛)의 튼튼한 힘을 내어 비뚤어진 것을 바르게 하고 허물어진 것을 일으켜 여러 참선자(參禪者)로 하여금 공왕(空王)의 옛 전각(殿閣)에서 유학(遊學)하며 즐기게 할 것인가? 금강검(金剛劍) 한 자루를 얻어 쥐고 공왕(空王) 전각(殿閣)의 윗면, 아랫면, 동쪽, 서쪽에서 편하게 쓸 수 있게 하겠는고?

---

1) 경북 금릉군 황악산 직지사의 산내 암자인 듯.
2) 티끌이 쌓여 새까맣게 된 만큼의 많은 시간. 오랜 세월.
3) 부처님의 존칭. 부처님은 만법(萬法)을 다스리는 왕. 『원각경(圓覺經)』
4) 아름답고 화려함. 아름답고 요염함.
5) 물질 가운데 가장 단단한 금강석을 일컬음. 대일여래(大日如來)의 내증(內證)한 지덕(智德)이 견고하여 일체의 번뇌를 깨뜨릴 수 있음을 표현한 말. 불법은 깨뜨릴 수 없는 진리임을 나타냄.

원하건대, 금강(金剛)에 이르는 자(者), 금강의 견고하고 날카로운 덕을 얻어 저 그림자조차 없어진 노인이 지은 금강(金剛)의 은혜(恩惠)에 보답하기 바라네.

이제 이 공왕전(空王殿)[6]의 속 모습이 어찌하여 이렇게 되었는고? 허허! 이렇게 심히 마루(麽陋)[7]해서 걱정이로세.

6) 여기서는 '부처님을 봉안한 법당'의 경칭(敬稱).
7) 모습이 비미(卑微)하거나 비천(卑賤)함.

명봉사[1] 법화암 중수기

계사년(癸巳年 : 1773) 겨울, 나는 호서(湖西)[2]에서 이 암자로 지팡이를 옮겼다. 암자는 절의 동쪽 백 보쯤 떨어져 있어 동부(洞府)[3]와는 별도로 열어놓았으니, 경계(境界)가 그윽하고 깊숙하여 실로 편안히 참선(參禪)하고 입정(入定)[4]하는 자들이 가히 깃들어 쉴 만하였다.

언제 창건되었는지는 기록(記錄)[5]으로 상고(詳考)할 수가 없어 이것을 가히 한탄할 뿐이다. 세월이 오래되어 집이 헤어져 기울어지고 엎어질 걱정이 아침 저녁으로 임박했는데도 거처하는 스님 오륙 명은 가난하여 중수할 수가 없었으므로 모두 환산(渙散)[6]하고자 하였다.

이듬해 봄, 나 또한 향산(香山)에 갈 작정이었으나 수많은 여러 사람들이 길을 막으며 머물기를 청하기에 이에 여러 사람들과 약속하여 말하기를,

이 암자는 옛 사람이 지었지만 가히 그 마음 씀이 근면했음을 알

---

1) 경북 예천군 상리면 명봉리 소백산에 있는 절.
2) 충청남북도를 일컬음. 호강(湖江), 곧 금강(錦江) 이서(以西)의 지역이라는 뜻.
3) 산골짜기 사람이 모여 사는 곳.
4) 선정(禪定)에 들어감. 마음을 집중하여 무아의 경지에 들어감. ↔출정(出定). 수행하기 위하여 방안에 들어감. 스님이 죽음.
5) 서기 875년(신라 헌강왕 1)에 두운(杜雲)이 창건. 두운(杜雲)의 생몰 연대는 알 수가 없으나 소백산의 희방사(喜方寺)를 861년(신라 경문왕 1)에 개산(開山)한 바 있고, 또 870년(경문왕 10)에 용문사(龍門寺)도 창건한 바 있음.
6) 단체가 해산함.

수가 있다. 그러나 이와 같이 허물어졌는데도 진실로 보집(補緝)[7]하지 않는다면 곧 어찌 후인들의 책망을 면할 수가 있겠는가?

다만 암자 안에서의 물력(物力)이 모자라고 또 인연으로 모은 재물이 없다면 오직 제군들이 각자 힘을 내어 손을 잡고 일을 완결해야 할 뿐이니라 하였더니 여러 사람들이 응낙했다.

이에 장인(匠人)들을 모아 일을 시작하니 때는 삼월 초였는데 드디어 여러 스님들은 손발이 트는 고통을 함께 나누며 각자 자기 양식을 먹고 각자 제 힘으로 노력하였다.

대체로 기둥과 들보가 썩은 것, 서까래와 도리가 밀리어 부러진 것, 계단과 담이 이미 허물어진 것, 당(堂)과 실(室)의 미비한 것 등을 하나같이 모두 새로 고치니 무릇 제도(制度)와 모양이 옛날보다 배나 좋아졌다. 사람들로 하여금 눈을 닦고 다시 보게 하니 본 사람들은 모두 경하(慶賀)하였다.

아아! 지금 또 기록하지 않는다면 곧 후인들의 오늘 사람 책망이 오늘 사람들의 옛 사람 책망보다 더하지나 않을는지 어찌 알겠는가?

이에 연(年) 월(月)을 간략히 기록하여 뒷날에 보일 뿐이노라.

---

7) 허물어진 곳을 수리함. 서적 등의 부족한 데를 보충하여 편집함.

제자 영허에게 고(告)하는 제문(祭文)

아! 슬프다. 말하려니 목이 메이고 생각하려니 창자가 찢어지는구나! 나는 오히려 참으며 글로써 너에게 곡(哭)하노라.

너는 태어나면서부터
소나무의 곧음[貞]과 대나무의 굳셈[勁]과
명경지수(明鏡止水)의 자질을 지녔기에
성품이 어질고 말씨가 공손하여
사람들의 입에 올랐도다.

불행히도 어린 나이에 의지할 곳을 잃어 옷자락[1]을 끊고 입산(入山)하였으니, 스승의 문하(門下)에서 노력(勞力)한 지가 오륙 년이고 16세에 머리를 깎았다.[2]

17세에 책 상자를 등에 지고 나를 따라 용산(龍山)의 화장암(華藏庵)으로 갔으니 배움의 길에 들어서는 시작이었다.

일찍부터 너는 신기한 해오(解悟)[3]가 있어 내가 자주 감탄하여 이르기를, 진실로 홍곡(鴻鵠)[4]은 날개가 나기 전에 벌써 구름을 능멸할

---

1) 속세의 인연. 혈연(血緣).
2) 삭발(削髮)하고 스님이 됨.
3) 깨달음. 도리를 터득함. 미(迷)를 풀고 진리(眞理)를 깨달음.
4) 큰 기러기와 고니. 곧, 큰 인물의 비유.

의지를 보이고, 산예(狻猊[5])는 땅에 떨어져도 바다를 가를 듯한 기개를 품느니라 하였다.

너는 채찍질을 하지 않아도 본받아 학업이 크게 나아갔으며 추성(推誠[6])으로써 사람을 접(接)하고 또 겸손과 양순을 다하였도다.

딴 사람이 외서(外書[7])를 보는 것을 보면 반드시 불학(佛學)을 권하였고 딴 사람에게서 장발(長髮[8])의 권유를 받으면 또 반드시 정색하여 이를 물리쳤었다.

나는 일찍이 너의 기량(器量)이 특별하기에 이르기를, 비록 나이는 적으나 뜻은 곧 노인이라 하였고, 하물며 너의 재주가 나보다 나은데다가 도량이 나보다 관대하고 이해함이 나보다 낫다고 하였다.

나는 일찍이 백락(伯樂[9])의 마구간에는 준구(駿駒[10])가 많았다는 말을 들었지마는 나는 백락(伯樂)이 아닌데도 능히 너를 얻지 않았느냐? 다만 이것은 남색(藍色)이 꼭두서니의 빨강으로 하여금 본색이 막혀버리는 것[11]이었구나.

정해년(丁亥年 : 1767) 가을에 너를 혜암(惠巖)의 대법회(大法會)에 보냈더니 과제(課題)가 현묘(玄妙)하였는데도 너의 입론(立論[12])이 진실로 맞지 않음이 없었으므로 많은 사람이 이에 감복하였느니라.

기축년(己丑年 : 1769)에는 내게 돌아왔었지. 모든 사람이 너의 등단(登壇[13])을 바라보고 있었는데 그때 네 나이 겨우 스물세 살이었다.

---

5) 사자.
6) 제 참뜻을 남에게 미치게 함.
7) 불경(佛經) 이외의 서적(書籍).
8) 스님의 깎은 머리가 아닌 속인의 머리. 곧, 속인(俗人)되기.
9) 중국 주나라 때의 사람으로 말[馬]의 감정(鑑定)을 잘 했다 함.
10) 준마(駿馬)와 망아지.
11) 제자가 스승보다 나음을 이르는 청출어람(靑出於藍)의 이색적 표현.
12) 의론(議論)의 순서·취지 등의 체계를 세움.
13) 입단(入壇). 진언종(眞言宗)에서 행자(行者)가 관정(灌頂)을 받는 일.

아직 옛 사람들의 입실(入室)[14]의 나이가 되지 않았기 때문에 비록 설단(設壇)[15]과 건당(建幢)[16]은 베풀지 않았지만 나의 노쇠(老衰)를 염려해서 오히려 법호(法號)와 의발(衣鉢)을 일찍이 비밀리에 준 일이 있느니라.

경인년(庚寅年 : 1770) 겨울, 갑자기 천연두(天然痘)를 만나 내가 힘을 다해 구호(救護)하였으나 끝까지 약을 구하지 못하고 나는 너를 주무르며 위로하고 있었는데 이때 사람들이 말하기를,

진중(珍重)하기는
방주(蚌珠)[17]의 뱃속에 자라는 명주(明珠)와 같으나
희원(希願)은
불 속에 든 연꽃과 같다고 하였다.

너의 생존은 불력(佛力)으로도 어려웠고 나의 힘으로도 되지를 않았구나.

신묘년(辛卯年 : 1771) 봄, 황강(黃崗)의 초청으로 함께 나아가 여름의 안거(安居)[18]를 마친 후 다시 책 상자를 정리하며 스승을 좇으려 하기에 나는 승낙하였다. 또 명하기를, 붕새와 사미(沙彌)[19]가 함께

---

14) 법사(法師)에게 승방(僧房)의 허락을 받아 건당(建幢)하는 일.
15) 설법(說法)하는 단(壇)을 설치함.
16) 승려(僧侶)의 수행(修行), 구도(求道)가 원만하여 당(幢)을 세우고 법호(法號)를 받는 일.
17) 진주(眞珠).
18) 안거(安居) : 스님이 일정한 기간 동안 외출하지 않고 한데 모여 수행하는 일. 하안거(夏安居) : 음력 4월 15일~7월 15일. 동안거(冬安居) : 음력 10월 15일~이듬해 정월 보름까지.
19) 오중(五衆)・칠중(七衆)의 하나. 불살생(不殺生) 등의 십계(十戒)를 받고 불도를 닦는 만 16세 이상 20세 미만의 어린 승(僧). 불문에 들어가 머리를 깎고 득도식(得度式)을 막 끝낸 아직 수행이 미숙한 승(僧). 사미승.

하자면 옛 사람들의 삼등지설(三等之說)[20]로써 면려(勉勵)할 것이니라 하였다.

다시 너는 혜암(惠庵)의 문을 두드려서 신오강변(新悟强辨)[21]하니 더욱이 사람들은 놀라 눈을 비비며 보았고, 너의 이름이 사방에 떨치니 들은 사람들은 모두 기뻐하며 법문(法門) 중에서는 동량(棟梁)이라 칭하였도다.

임진년(壬辰年 : 1772) 봄, 나는 더욱 늙고 게을러져 앞으로 솔을 버리고 속중(俗衆)을 떠나 먼길에 오르려 할 때, 방장(方丈) 벽송(碧松)과는 기약도 없이 서로 만나 헤어졌다 만났다 하니 한편은 놀라고 한편은 기뻐하더구나.

그리고 너의 수척(瘦瘠)함을 괴이하게 여겨 물으니, 곧 객지의 주방(廚房)이 냉락(冷落)[22]하고 나그네의 주머니는 빈 궤짝이 되었다고 하였다.

나는 가엾고 불쌍하여 힘주어 서로 위로하기를 몸의 존망(存亡)은 법(法)에 따르는 것인데 철인(哲人)[23]이 감수(甘受)하는 바가 어찌 괴로움이 되겠는고 하였다. 너는 다시 청하여 말하기를, 산을 유람(遊覽)하면서 보장(寶藏)[24]을 습득하는 것이 진실로 돌아와 수양함만 못하다고 하였다.

내가 도리어 꾸짖어 말하기를, 북(北)으로 돌아옴이 어찌 그리 긴급했던고? 나는 장차 너를 대방가(大方家)[25]로 만들고자 하였는데 언

---

20) 견도(見道)・수도(修道)・무학도(無學道) 등 수행(修行)의 삼도(三道). 또는 제기예(諸技藝)의 예기(藝技)가 세 번 진보(進步)하는 단계.
21) 새로 깨쳐 잘 분별함.
22) 영락(零落)하고 쓸쓸함.
23) 학식이 높고 사리에 밝은 사람.
24) 훌륭하고 신기한 불법. 불교의 신기하고 교묘한 법문.
25) 학문・예술・기술의 어떤 분야에 뛰어나 권위를 이룬 사람. 여기서는 불교의 가장 높은 교리에 통달한 큰스님.

으려다가 그것이 되지 않은 뒤에서야 거의 부담 없이 여기에 와도 되지 않았겠느냐 했었지.

지금도 보이는구나!
너의 그 수척했던 얼굴!
너의 그 슬퍼하던 어조!

오직 네 말 따라 너를 먼저 보내어 돌아가니, 그때가 바로 사월(四月) 오일(五日)이었는데 네가 떠날 때 너를 생각하며 네 체온을 느꼈느니라.

방장(方丈)으로부터 멀리 떠나 황강(黃崗)에 이르렀을 때 네 병은 이미 한 달이 되었다. 너는 다시 회복되어 곧 일어났지만, 나는 또한 모든 것을 꾀하여 보았고 겨울 동안 여러 사람들도 걱정을 하였었다.

네가 용산(龍山) 청하당(靑霞堂)[26]에 올라오니 그때가 바로 구월(九月)이었지.

음산(陰山)[27]의 상서로운 법회(法會)에 함께 참여하여서는

너는 골수(骨髓)를 얻는 축하(祝賀)를 받았고
나는 주옥(珠玉)을 돌려받는 기쁨을 가졌었다.

너는 곧 먼저 돌아오고 나는 뒤에 돌아오니, 또 너의 병이 칠일(七日)째가 되던구나. 나는 그 빈번한 병에 놀라서 그 증세를 진단하고 모습을 살펴보았으나 역시 사생(死生)은 염려(念慮)로써 되는 것이 아니므로 오오! 하룻밤 사이에 기(氣)가 막혀 몸을 거두지 못하고 혀가

---

26) 영조 16년(1740)에 수연(守演)이 건립한 김룡사의 부속 요사(寮舍).
27) 노음산 남장사.

굳어 말을 하지 못하더구나.

비록 모자(母子)간의 정(情)처럼 사제(師弟) 사이의 의리(義理)가 상친(相親)했으나 능히 너를 구하지 못하고, 또 서로의 친밀함도 너를 머무르게 하지를 못하여, 결국 시월(十月) 초아흐레(初九日) 밤 암자에서 갑자기 시적(示寂)하니,

오호!
그 입적(入寂)이 무성(無聲)의 삼매경(三昧境)이더냐!
그 입적(入寂)이 몽환(夢幻)의 삼매경(三昧境)이더냐!

하늘은 억지로 버리지 않는 법인데 어찌 이렇게 되었는고? 사람들의 말에,

아름다운 채색 구름은 흩어지기 쉽고
좋은 옥(玉)은 오래가기가 어렵다더니
과연 그러하구나!

네가 나를 곡(哭)해야 할 터인데 내가 너를 곡을 하고
네가 나를 장사지내야 할 터인데 내가 너를 장사지내니

나를 장사지낼 사람은 누구이고
나를 곡해줄 사람은 누구이냐?

튼튼한 사람은 죽고
쇠약한 사람은 살아 남으니

이른바
하늘이 예측하기 어렵고
이치를 추리하기 어렵구나.

너는 가문의 줄기요 고괘(蠱卦)[28]가 오직 너였는데 너는 이미 갔구나! 일찍이 이렇게 될 줄 알았더라면 이런 일이 없었을 텐데. 어찌 하루의 상(相)을 보고 산문(山門)[29]에 밀어붙였던고?

우리 종문(宗門)의 법(法)을 이을 사람은 오직 너뿐이었는데 너는 이미 가버렸구나! 일찍이 이렇게 될 줄 알았더라면 내가 어찌 하루의 상(相)을 보고 방장(方丈)을 멀리 떠날 수가 있었겠느냐?

너는 이미 경인년(庚寅年 : 1770)의 마마(媽媽)에서도 죽지 않았고 또 육개월 동안의 병(病)도 능히 나았었는데, 어찌하여 얼마 안 되는 열흘 동안의 병에 일어나지 못하고 이와 같이 되었는고!

우리 법문(法門)의 기둥이 꺾였구나! 명주(明珠)가 부서졌구나! 십년의 방침(方針)이 티끌이 되고 갑자기 천고(千古)에 유현(幽顯)[30]을 달리 지으니

너의 명(命)은 그 과(果)[31]가 여기서 멎을 뿐인가?
나와의 인연(因緣)이 또한 여기에서 멎을 뿐인가?

혹은 내가 정성을 다하지 못하고 힘을 다하지 못하여 이 지경에

---

28) 육십사괘(六十四卦) 중의 하나. 괴란(壞亂)이 극에 달하여 새로이 홍할 상(象). 장괘(長卦)와 손괘(巽卦)가 거듭된 것인데 산아래 바람이 있음을 상징함.
29) 절[寺]. 절의 바깥문. 절로 들어가는 첫 문. 일주문. 여기서는 '불자(佛子)의 수행(修行)'.
30) 유명(幽明). 남이 보이지 않는 곳과 남이 보는 곳. 이승과 저승.
31) 인연(因緣) 소생(所生)의 일체의 법(法).

이르렀는가?

그러면 혹시 먼저 이 집에 들어와 있었다면
가지 아니하고 연명할 수가 있었을까?

방장(方丈)에 있었다면
가지 아니하고 위험을 넘길 수가 있었을까.

황강에 있었더라면 떠나지 아니하고 능히 생존했을까?
구촌에 있었더라면 떠나지 아니하고 되려 보존했을까?

하늘에게 외쳐 보아도 하늘이 말하지 아니하고
부처님께 하소연해도 부처님이 말하지 아니하니

차라리 너를 따르는 것만 같지 못하구나! 갑자기 듣지 못하고 알지 못하는 곳으로 돌아가는 것[32]이 낫겠구나! 굳게 참으며 마음의 응어리를 끊지 못해 석실(石室)에 웅크리고 앉아보니

너의 강설(講說)[33]이 생각나서 슬프고
너의 용지(容止)[34]가 생각나서 슬프고
너의 법려(法侶)[35]를 상대하니 슬프고
너의 수택(手澤)[36]을 보게 되니 섧도다.

---

32) 곧 이 세상에서 사라지는 것. 적멸(寂滅). 입적(入寂).
33) 강의(講義).
34) 기거(起居), 동작(動作).
35) 불법을 같이 배우는 벗.
36) 오래 갖고 있는 동안에 물건에 묻은 손때. 늘 사용하여 손때 묻은 것. 여기서는 생

이 세상 덧없는 인생의 여러 가지가 모두 허환(虛幻)[37]하여 무익(無益)함을 모르지 아니하니 슬프구나!

어떻게 떠난 자리를 메우고 익은 정 깊은 사랑을 잊고자 하나 가히 잊을 수가 있겠는가! 하물며 지금 나와 너는 세인들이 이르는바 남다른 사제지간이 아니던가!

너는 비록 갔으나 나에게 다시 사람을 사귀라면 너와 같은 사람일 것이니 오히려 이것으로써 위안을 삼아라.

너는 비록 갔으나 나로 하여금 일찍이 법회에서 너에게 불자(拂子)[38]를 전하게 하고, 너는 선(禪)과 교(敎)를 마음대로 잡아 다루는 공(功)을 보였으니 오히려 이것으로써 가히 위안을 삼아라.

가령 네가 좋은 재주와 아름다운 바탕이 없었더라면 오히려 하루아침에 너를 잃는 이 외로움은 서로 잊었을 것이로다.

앞으로 내가 누구를 믿고 명(命)하게 할 것이며
앞으로 내가 누구에게 의뢰해 의발을 전하게 할 것인가.

이로부터 나는 더욱 이 세상에 뜻이 없어 앞으로 군지(軍持)[39]를 갖고자 하나 빌리지 못하니 표연(飄然)히 자취를 끊고 창해(滄海)와 봉래(蓬萊)의 사이를 두루 놀리라.

시에 소유하고 사용하던 물건.

37) 허망(虛妄)하고 미혹(迷惑)함.

38) 꼬리털로 만든 먼지떨이. 선종(禪宗)의 스님이 번뇌를 떨치는 표시로 씀.

39) 천수관음의 물병. 스님이 가지는 물병.

이어 묘향(妙香), 칠보(七寶) 등 여러 산에 들어가리라.
외로이 날아가는 한 조각 구름이 되리라.

미지(未知)의 멸몰(滅沒)이 어느 곳에 있는가?

네가 만약 안다면
나의 속진(俗塵)을 짓밟고 내 뒤를 따르며
지난 날 방장에서처럼 즐겁게 지내지 아니하랴?

애통하도다! 애통하도다!

너의 유고(遺稿) 잔편(殘篇)이 책상에 쌓였고 또 상자를 넘치고 있으나 내가 능히 모아 책을 만들지 못하노라. 너의 그림자와 울림을 전한다면 이것이 또 가히 슬픔이 되겠구나!

그리고 서방(西方[40])에서는 교화(敎化)를 베풀 때 본래 언어(言語[41])를 으뜸으로 하지 아니하니 해타(咳唾[42])와 조박(糟粕[43])이 어찌 너의 경중(輕重)이 되겠느냐?

나는 너의 큰 기량(器量)을 촉망(囑望)했던 고로 네가 도(道)를 성취하는 날을 기다려 왔었구나.

다시 너에게 고(告)하는 날을 기해서 아름다운 호(號)를 내리니 비로소 '영허(影虛)' 두 글자이니라. 정녕 나의 괴로운 마음과 슬픈 정이

40) 서방극락(西方極樂).
41) 여기서는 문자(文字)에 의해 기록(記錄)된 문(文)의 뜻.
42) 어른의 말씀. 문장가의 시문(詩文). 여기서는 '유문잔편(遺文殘篇)'을 가리킴.
43) 재강. 껍데기. 여기서는 '유문(遺文)'을 비유하여 말함.

서로 합해져서 당연히 명막(溟漠)[44]한 사이를 통할 것이로다.

만약 영(靈)[45]이 어둡지 아니하여 귀담아들어서 혹 나를 버리지 아니하고 '영(影)'[46]을 잡아서 '허(虛)'로 돌아가 함께 하지 않는다면, 저승세계의 즐거움과 이 세상의 즐거움이 다르지 않다는 것을 어찌 알겠느냐?

오오! 글로는 다 말할 수가 없고 눈물은 말라 새나오지 않으나 슬픔은 그 울음소리와 함께 하니 너 슬픔이여! 네가 어찌 진계(眞界)로 천령(薦靈)[47]할 것인가!

지금 사십구일재(四十九日齋)를 맞아 향다(香茶)로 약설(略設)하여 먼저 아성(亞聖)인 지장보살(地藏菩薩)님께 공양하고 다음으로 영허(影虛)에게 공천(供薦)하노니

영(靈)이 영특(英特)하도다! 타버리는 것은 그 뼈[骨]요 타지 않는 것은 그 영(靈)이니,

영(靈)이여!
영허(影虛)여!
높기도 하구나! 그 품격(品格)이.

---

44) 아득히 멀고 넓음.
45) 영혼. 죽은 사람의 혼백. 죽은 사람을 높이어 이르는 말.
46) 제불(諸佛)이 영상(影像)과 같아 맑고 깨끗하여 막힘과 더러움이 없다는 『금강경』의 '제불여영상 청정무애예(諸佛如影像 淸淨無碍穢)' 참조.
47) 영(靈)을 천도(薦度)함. 죽은 이의 명복을 빌기 위하여 불보살에게 재(齋)를 올려 정토(淨土)와 천계(天界)에 태어나도록 기원하는 법식.

노음산 남장사[1] 관음전 조실[2] 신건 상량문

삼가 살피건대 대부(大府)[3] 상진(商鎭)[4]에는 고찰(古刹) 남장사(南長寺)가 있으니 하늘이 빚어놓은 절승지에 자리하고 있다. 보통 아름다운 이름으로는 노악(露岳)[5]이라 하며, 땅이 보호하는 신령스러운 계역(界域)으로써 원통(圓通)[6]의 특이한 자취를 드러내 보이니, 등에 진 층층의 봉우리들이 겹겹이 하늘을 가리며 두루 지혜로이 우뚝우뚝 서 있다.

앞을 열고는 여러 갈래의 산골 물을 쏟아 낙동강으로 들어 보내면 널리 펑퍼져 조용히 흐른다. 창포와 도꼬마리가 빽빽하니 이들은 의사(醫師)에게 의뢰하는 바요, 편나무·녹나무·소나무·회나무의 모두는 솜씨 좋은 목수(木手)의 자원이 되느니라.

진감존사(眞鑑尊師)[7]께서, 머물러 사는 호랑이를 지팡이로 다루던

---

1) 경북 상주시 내서면 남장리(南長里) 노음산(露陰山), 일명 노악산(露岳山)에 있는 절.
2) 조사(祖師)가 거처하는 방.
3) 큰 고을.
4) 경북 상주(尙州)의 별칭.
5) 경북 상주시 노음산(露陰山)을 미화(美化)한 별칭.
6) 원통(圓通) 대사(大士) : 관세음보살(觀世音菩薩)의 별칭. 여기서는 관세음보살이 살던 '보타낙산(補陀落山)'의 뜻.
7) 진감국사(眞鑑國師) : 신라 문성왕 때의 고승(高僧). 우리 나라에 범패(梵唄)를 처음 전함. 당나라 때, 중국 숭산(崇山)의 소림사에서 비구계(比丘戒)를 받고 귀국하여 상주 설악산(雪岳山=露陰山=露岳山)의 장백사(長栢寺→南長寺)에서 교화활동을 하였음. 저서 : 『어산구감(魚山九鑑)』.

깊숙한 곳인데 자비의 성자(聖者) 관세음보살이 신비의 못에서 물병에 물긷던 보타(寶陁[8])와도 흡사하고 숭악(崇嶽[9])과도 비슷하다.

우리 스님 환응(喚應)께서는 법연(法筵[10])에서의 묘창(妙唱[11])으로 지혜바다의 온건한 배[舟]가 되시니 사람들을 만나 기력(奇力)을 드러내셨다. 택지(宅地)를 관상(觀相)하는 눈을 크게 뜨시고 여러 사람과 일을 도모하여 공적을 기약하고 집을 창건할 민심을 불러 일으키셨다.

이에 스님들을 한번 모이게 하여 단시(檀施[12])를 널리 구해 모으고 앞으로 지을 삼간(三間)의 선실(禪室)은 전각(殿閣)의 방실(傍室) 구조를 본떠서 짓게 하였다. 이때 군탄(涒灘 : 1752년[13])을 맞아 현묵(玄默[14])하고 협종(夾鐘 : 2월[15])이 되자 잠시간에 몸을 씻으니, 도끼질하는 사람은 왼쪽에서 톱질하는 사람은 오른쪽에서 계획에 따라 일을 시작했고, 그 일을 승려들도 분담했으니 푸른빛은 밝고 붉은빛은 빛났다.

공사의 마침을 축하하고는 주실(籌室[16])들의 몫으로 돌아가게 되었으니 아! 저 법당을 쳐다보고 있노라면, 참으로 선사(禪師)들이 모

---

8) 보타낙산(寶陁落山). 관음보살이 사는 곳. 팔각형의 산이며 화수(華樹)가 광명(光明)과 방향(芳香)을 낸다고 함.
9) 중국 오악(五嶽)의 하나. 산중에는 승려·도사의 수업도량(修業道場)이 되었던 수십(數十)에 달하는 사찰이 산재해 있다. 특히 북쪽에 있는 소림사(少林寺)는 선종(禪宗)의 시조 달마대사(達磨大師)가 면벽구년(面壁九年)의 좌선(坐禪)을 했던 곳으로 유명함.
10) 불도(佛道)를 설(說)하는 자리.
11) 기묘한 창도(唱導).
12) 보시(布施). 시주(施主).
13) 옛날 갑자(甲子)의 십이지(十二支)의 하나. '군탄(涒灘)'은 '신(申)'이니 곧 임신년(壬申年)인 1752년을 가리킴.
14) 조용히 침묵함. 우아하여 함부로 말하지 아니함.
15) 절후로는 음력 이월(二月). 여월(如月).
16) 불법(佛法)의 수행(修行)이 철저하고, 교리(敎理)에 통달하여 선리(禪理)에 밝아 덕망(德望)이 높은 스님.

여 거처하던 여러 홀실(笏室)[17] 중에서는 가히 유마(維摩)[18]가 휴게하던 칠척단상(七尺壇上)과 진실로 다름이 없으니 마땅히 유식(遊息)[19] 할지어다.

이에 이른바 해탈(解脫)의 총림(叢林)[20]이요 보리(菩提)[21]의 굴택(窟宅)[22]을 얻었으니, 지금부터 이후로는 저녁놀에 나무를 어루만지던[23] 납자(衲子)[24]들을 이공(二空)[25]으로 몰아 구름처럼 달릴 것이로다.

패엽(唄葉)[26]의 방미(龐眉)[27]가 사부(四部)[28]를 받들며, 그리고 선사(禪師)가 베푸는 법리(法利)가 비[雨][29]에 이르러 마치 가문 하늘에 두루 쏟아 내리는 단비와 같을 것이니라.

공손히 종풍(宗風)을 이어받으면 마치 시든 풀이 갑자기 따뜻한 햇

---

17) 절의 주지(住持)가 있는 방.
18) 유마거사(維摩居士) : 『유마경(維摩經)』의 주인공. 석가여래와 같은 시대의 사람으로 집에 있으면서 보살의 행업을 닦았으므로 유마거사(維摩居士)라 일컬음.
19) 마음 편히 정양(靜養)함.
20) 많은 승려가 모여 사는 큰절. 선종(禪宗)에서 승려가 좌선(坐禪) 수행(修行)하는 도량(道場). 강원(講院)·선원(禪院)·율원(律院)을 갖춘 종합 도량. 특히 중앙에 있는 큰 도량. 승단(僧團).
21) 불교에서 최상의 이상(理想)인 불타정각(佛陀正覺)의 지혜. 곧 도(道)·지(智)·각(覺)을 이름. 성문(聲聞)·연각(緣覺)·보살(菩薩) 등이 번뇌(煩惱)를 잊고 불멸의 진리(眞理)를 깨달아 얻는 불과(佛果).
22) 사람들이 모이는 집. 곧 남장사(南長寺) 관음전 조실(祖室).
23) '정처없이 떠돌며 집이 없어 아쉬워하던'을 형상화(形象化)한 표현.
24) 납의(衲衣)를 걸치고 돌아다니는 스님. 선승(禪僧).
25) 아공(我空)과 법공(法空). 단공(但空)과 부단공(不但空).
26) 패엽(唄葉=貝葉) : 패다라(唄多羅)의 나뭇잎. 옛날 인도의 스님들은 불경을 이 잎에다 써서 간직했다고 함. 여기서는 눈썹 모습을 패엽에 비교한 듯함. 패섭(唄葉) : 가섭(迦葉)을 패찬(唄讚)함. 그러므로 패섭(唄葉)으로 본다면 '가섭(迦葉)을 패찬(唄讚)함'의 뜻으로도 가능함.
27) ≒방미호발(龐眉皓髮) : 눈썹이 굵고 머리가 흼. 늙은이. 덕이 높은 장로(長老).
28) 사중(四衆). 곧 불문(佛門)의 네 가지 제자인 비구(比丘)·비구니(比丘尼) 우바새(優婆塞)·우바이(優婆夷).
29) 은혜가 두루 미침의 비유. 『송사(宋史)』, '교우화풍(敎雨化風).'

빛을 만나는 것과 같을 것이니, 이치는 사실로 인해 나타나 금빛 파도[30]가 만리 붕정(萬里鵬程)을 밝힐 것이로다.

본체(本體[31])는 동일한 작용으로 창현(彰顯)한다. 옥돌 연화(蓮花)가 천강(千江)의 달빛을 잡으며, 그림자(달빛)가 비상하는 난봉(鸞鳳)의 꼬리를 붙들고 멀리 구름하늘에 오르며, 소리는 화각(畫角)[32] 중에 들인 채 멀리 은하수를 꿰뚫을지라도 하물며 또 달(月)[33]은 금사(金沙)[34]를 비추고 노을은 옥 섬돌에 와 짙다.

제비가 돌아와 축하하는 날, 곡신(谷神[35])은 휘광(輝光)을 두르고 철새가 바뀌는 때에 큰산의 신령도 기쁨을 띠는데 이미 사람들은 모두가 즐거워하고 있으니 어찌 궐(闕)[36]의 창건을 찬양함이 아니겠는가.

이에 짧은 게송(偈頌)을 읊으며 높이 받들어 상량(上樑)하노라.

들보[樑]를 버리고 고개를 돌리면

동쪽은, 학가산(鶴駕山)·청량산(淸凉山)이 손가락질하며 가운데를 돌아보고, 말없던 육창(六窓)[37]이 어두워 칠흑(漆黑) 같다가 둥근 해가 날아오르면 궁(宮)[38]에서는 거듭되는 우레소리로다.

---

30) 석양(夕陽)이나 달빛이 비치어 금빛으로 반짝거리는 물결. 여기서는 성도개안(成道開眼)의 비유.

31) 실상(實相) : 생멸무상(生滅無常)의 상(相)을 떠난 만유(萬有)의 진상(眞相).

32) 악기(樂器)의 한 가지. 쇠뿔 같은 것에 그림을 그려서 불게 되어 있음.

33) 달. 달빛. 심월(心月) : 달과 같이 밝은 마음.

34) 금사계(金沙界) : 구야니주(拘耶尼州)의 세계. 관세음보살의 주거처(住居處). 금사하(金沙河) : 구야니주(拘耶尼州)에 있는 강.

35) 골짜기 속의 공허한 곳. 현묘한 도(道)를 비유하여 이름.

36) 새로 지은 조실(祖室)을 과장미화(誇張美化)해서 나타내는 말.

37) 육근(六根)을 비유. 육근(六根) : 육식(六識)을 낳는 여섯 가지 근(根). 곧, 안(眼)·이(耳)·비(鼻)·설(舌)·신(身)·의(意).

남쪽은, 만리 붕정(萬里鵬程)[39]이 아지랑이 바다로 이어졌고, 밤마다 축융(祝融)[40]이 봉우리 위에서 바라보면 늙은 별 한 점이 참선하는 암자를 비추네.

서쪽은, 서왕모(西王母)[41]의 요지(瑤池)로 가는 길이 의심이 없는데, 이때 다시 옥퉁소소리 귀에 들리며 지초(芝草) 캐는 신선이 구름사다리를 건너네.

북쪽은, 한 자리에 수미산(須彌山)[42]이 치솟아 북두성 끝과 저울질하고, 무심한 구름은 스스로 구렁에서 나갔다가 되돌아와 오르고 또 오르니 그 한가로운 그림자가 처마 앞에 떨어지네.

위쪽을, 일어나 보면 귀인들의 지팡이가 몇 리에 널려 있고, 맑게 갠 하늘의 밝은 해가 둘레를 밝히니 이것은 우리들 정사(政事)의 밝은 기상(氣象)이로다.

아래쪽은, 흰 눈썹[43]이 능란하게 가부좌(跏趺坐)를 틀었고, 한 쌍 원숭이가 바리때를 안고 서쪽·동쪽에서 들어오며 뭇 새가 꽃을 물

---

38) 집. 궁궐. 절. 여기서는 남장사의 '관음전 조실'.

39) 멀고도 큰 앞길.

40) 불을 맡은 신. 여름을 맡은 신. 남쪽 바다를 맡은 신. 여기서는 '조망자(眺望者)'를 비유해서 나타낸 것임.

41) 왕모(王母≒西王母) : 중국 상대에 받들었던 선녀의 하나. 주(周)나라 목왕(穆王)이 사냥 나갔다 돌아오다가 서왕모(西王母)를 만나 요지(瑤池)에서 놀았다고 함. 또, 한(漢)나라 무제(武帝)가 장수(長壽)를 원함에 선도(仙桃) 일곱 개를 가져다주었다고도 함.

42) '천봉산'을 과장해서 대유(代喩)함.

43) 설미(雪眉) : 흰 눈썹. 노인. 늙은이. (옛말) 지혜. 총명.

고 밤낮으로 날고 있네.[44]

엎드려 원하느니 상량(上樑) 이후에는 옥대(玉帶)[45]가 상기(祥氣)를 내리시고 금선(金仙)[46]이 복(福)을 내려 주소서.

풍운(風雲)[47]이 거듭 바뀌면 오히려 음양(陰陽)의 괴리(乖離)가 있어 까마귀와 토끼가 갈마듦을 밝혀 주소서.

항상, 소수(巢燧)[48] 때의 소랑(昭朗)[49]을 보게 하시고 자비심(慈悲心)을 크고 넓게 열어 앞으로 큰 법규를 깨달아 이어가게 하시며 그 법(法)이 오래고 산처럼 높아 미진(迷津)[50]을 제도하는 영원한 돛대가 되게 하소서.

---

44) 이 문단은 한적하고 평화로운 정경을 묘사하고 있음.
45) 벼슬아치가 공복(公服)에 매던 옥(玉)으로 꾸며 만든 띠. 여기서는 천주(天主), 곧 '제천왕(諸天王)'을 대유(代喩)해 가리킴.
46) 금빛 나는 신선의 뜻으로 곧 불타(佛陀)의 별칭.
47) 바람과 구름. 세상이 크게 변하려는 기운.
48) 아주 옛날. 태고시대(太古時代). 나무 위에 집을 짓던 유소씨(有巢氏) 시대와, 부싯돌을 쳐서 처음으로 불을 얻어 살던 수인씨(燧人氏) 시대. 곧 태평성대.
49) 밝음.
50) 미망(迷妄)의 세계. 번뇌에 시달려서 삼계를 헤매는 중생계.

운봉사 회현당 상량문

엎드려 살펴보건대 조령(鳥嶺)의 동쪽 기슭, 사불산(四佛山)의 서쪽 모퉁이에 하늘이 별구(別區)를 열어 놓으니, 이 산(山)을 아름다이 운달산(雲達山)이라 부른다.

땅이 신령한 계역(界域)을 베풀어 놓았고 사찰(寺刹)은 운봉사(雲峯寺)[1]란 수승(殊勝)한 이름을 걸어 놓았으니 맑은 계곡이 휘두르고 언덕이 수려하다.

아아, 천계(天啓)[2] 연간에 혜총명사(慧聰明師)[3]가 이 절을 처음 중건하였고, 절이 허물어지자 옹정(雍正)[4] 연간에 운봉사(雲峯寺)의 여러 스님들이 이 회현당을 그 뒤편에 창건하였다.

그러나, 융성(隆盛)은 쇠멸(衰滅)하니 이것이 곧 천지(天地)의 상도(常道)요, 패쇠(敗衰)는 이것이 곧 홍성(興盛)의 바탕이니 역시 음양(陰陽)의 운수(運數)이니라.

얼음이 층층이 쌓이고 눈에 매몰되는 등 몇 가지 원인으로 기둥과 들보가 부러지려고 하였다. 집 꼭대기는 누차 몰아치는 바람과 비에

---

1) 현재는 김룡사(金龍寺)로 알려져 있으나 신라 진평왕 10년(588)에 운달조사(雲達祖師)가 개산(開山)하여 운봉사(雲峰寺)라 명명(命名)하였음.

2) 명나라 희종(熹宗)의 연호(1621~1627). 혜총(慧聰)의 중건 연대는 1624년(인조 2)임.

3) 생몰 연대 미상. 백제의 후기 스님. 일본에 부처님 사리를 전하고 불교를 펴니 고구려의 혜자(惠慈)스님과 함께 삼보의 동량이 됨.

4) 청나라 세종(世宗)의 연호(1723~1735).

흔들리는 능멸을 당해 판자와 기와가 벌써 허물어지고 말았으니 들어 사는 사람들은 한탄을 하고 지나가는 사람들도 탄식을 일으켰다.

서문(序文)을 위촉해 오니, 황룡지춘(黃龍之春 : 1784년 봄)[5])이요 때는 벽토지월(碧兎之月 : 음력 2월)[6])이었다. 절에서 모은 모든 재물을 기울여 쏟아 넣고 병 속에 갇혔던 굉규(宏規)[7])를 다시 부활시켜 중생들이 모두 고쳐 보게 하였으니, 어찌 옛 제도를 회복시켰다고 하지 아니하겠는가?

문을 열면 소나무 그늘이 낙락(落落)[8])하고, 마루 기둥에 기대어 보면 산의 모습이 외외(巍巍)[9])하다. 이 특이한 경지에 연하(煙霞)[10])가 다시 불타며, 줄곧 잠겨 있던 신선의 구역에 제천(諸天)[11])의 높은 달이 다시 밝았구나! 정녕 좋은 노래 없어도 귀에는 울려오니 짧은 재조(才藻)[12])로 상량(上梁)을 돕노라.

들보의 동쪽은, 웅크린 바위를 푸른 하늘에 꽂았는데, 잠깨어 한가로이 발을 걷으면 밝은 해가 선궁(仙宮)[13])을 비추고

남쪽은, 싱싱한 푸른 수목이 맑은 쪽빛을 품었는데, 누각의 종이 처음 울리면 응하여 감실(龕室)에 예불(禮佛)할 줄을 아네.

---

5) 황룡지춘(黃龍之春)은 '진년(辰年)의 봄'의 미칭(美稱)이니, 곧 1784년인 '갑진년(甲辰年) 봄'을 가리킴.
6) 벽토지월(碧兎之月)은 묘월(卯月)의 미칭(美稱)이니 곧 '음력 이월'을 가리킴.
7) 훌륭한 모범. 또는 모범이 될 만한 사람. 큰 계책(計策). 굉모(宏謀). 굉유(宏猷).
8) 축축 늘어짐.
9) 높고 크고 웅장함.
10) 안개와 노을. 고요한 산수의 경치.
11) 모든 하늘. 불교에서는 하늘이 여덟으로 되어 있는데, 그 여러 하늘은 마음을 수양(修養)하는 경계를 따라서 나뉘어 있으며 이 여덟의 모든 하늘을 말함.
12) 재지(才智)와 문조(文藻). 시문을 짓는 재능. 문재(文才).
13) 신선이 산다는 궁전(宮殿). 여기서는 회현당(會賢堂)을 일컬음.

서쪽은, 겹겹의 봉우리가 하늘 끝에 가지런한데, 지는 달이 소나무 숲에 걸리면 가을 구름이 석계(石溪)에서 일어나고

북쪽은, 뾰족한 봉우리가 북두성에 부딪치는데, 저녁 해가 저 멀리 수풀을 건너니 구름 떼는 산으로 돌아와 머무르네.

위로는, 현천(玄天)[14]이 만상(萬像)을 덮었는데, 지척(咫尺)의 백옥경(白玉京)[15]을 고을의 신선들이 들어와 우러러 쳐다보고

아래로는, 자운(慈雲)[16]이 밤낮으로 떠 있는데, 스님들이 가부좌(跏趺坐)를 틀고 앉아 참선(參禪)의 맛이 단 감자 맛이로다.

엎드려 원하나니, 상량(上梁)한 이후에는 숲속의 새들에게 복을 내리시고 산에 사는 사슴들도 인(仁)으로 돌아가게 하소서.

비가 순조로이 내리고 바람이 고르게 불며 법계(法界)의 뭇 중생들이 소림(少林)의 밝은 가을 달 아래서 편안하고 한가롭게 지내게 하여 주소서.

시대가 화평하고 해마다 풍년이 들며 모든 백성이 태호(太皞)[17]시절의 춘풍(春風) 아래 배를 두드리게 하소서.

---

14) 북쪽에 있는 하늘. 검은 하늘.
15) 하늘 위의 옥황상제(玉皇上帝)가 산다는 가상적인 서울. 옥경(玉京). 여기서는 회현당(會賢堂)을 미화해서 이름.
16) 구름이 온 하늘을 덮음. 은혜가 널리 미침을 비유.
17) 중국 옛 황제의 이름. 복희씨(伏羲氏). 태호(太昊). 태호(太皓)

화엄경 권선문

대체로 『화엄경(華嚴經)』[1]은 삼천불조(三千佛祖)[2]의 골수(骨髓)[3]요 팔만대장경(八萬大藏經)[4]의 관할(輨轄)[5]이다. 임금과 신하, 장수와 재상이 존중하고 숭앙하는 바요, 사람과 하늘, 신(神)과 귀신이 수호하는 바이다.

이러므로 용수조사(龍樹祖師)[6]가 용궁(龍宮)[7]에서 거침없이 외우고 대현보살이 대하(大夏)[8]에서 천양(擅揚)하니 화제(和帝)가 일어나 보개(寶蓋)[9]를 달아 놓고 칙강(勅講)[10]을 하였으며, 천후(天后)[11]가 임하여 진술하는 서문에 이 일을 제품(題品)[12]으로 하니 겨우 몇 줄 글자에

---

1) 『대방광불화엄경(大方廣佛華嚴經)』의 약칭. 석가모니 부처님이 도를 이룬 뒤, 27일 되던 날에 법계(法界) 평등(平等)의 진리를 증오(證俉)한 불(佛)의 만행(萬行)・만덕(萬德)을 칭양(稱揚)한 경문(經文).
2) 과거・현세・미래의 모든 불조(佛祖).
3) 요점(要點). 주안(主眼). 골자(骨子)
4) 팔만 사천 갈래의 모든 법문(法門).
5) 요체(要諦).
6) 불멸 후(佛滅後) 육칠백 년쯤 되어 남인도의 바라문(婆羅門)에서 난 대승불교가(大乘佛敎家). '대승경전'을 연구하여 남천축국(南天竺國)의 왕의 두터운 귀의를 얻어 그 땅에 대승불교를 폄. 공(空) 사상의 입론자(立論者).
7) 전설에서 말하는, 바다 속에 있다고 하는 용왕(龍王)의 궁전. 용신(龍神)이 사는 화려한 곳. 대개 강・바다・나무속・우물속・설산의 기슭이 그 대상이 됨.
8) 한대(漢代)의 서역 지방의 한 나라.
9) 보옥(寶玉)으로 장식한 천개(天蓋). 불상의 머리 위를 가리는 장식.
10) 임금님이 강설(講說)함.
11) 전설상의 여신(女神). 천상성모(天上聖母). 천비(天妃).

글자마다 빛이 났으며, 지신(地神)이 쌍 갈래 창을 들어 받들고 천동(天童)[13]은 꽃을 뿌렸다.

어느 도사(道士)[14]가 이 경(經)을 만들어 이것으로써 칠백 죄인을 도탄의 괴로움에서 벗어나게 하였던고!

또 이 경(經)을 강설(講說)함으로써 사문(沙門)[15]이 깨달아 오백 산신(山神)이 되어 공(空)의 자리에 오르게 했던고?

이 같은 특이한 영험을 다 말할 수가 없구나!

엎드려 바라건대 선남 선녀(善男善女)들이여! 속세의 재물이 저녁 연기임을 살피고 인간 세상이 아침 이슬임을 깨달아 빈부(貧富)따라 보시(布施)하면, 이로써 법보(法寶)[16]를 성취하는 것이므로 곧 이로써 존망(存亡)에 이득을 얻을 것이요, 이로써 불조(佛祖)[17]의 빛이 이어질 것이니 가히 면려(勉勵)하지 아니하겠는가? 가히 행복하지 아니하겠는가?

---

12) 경(經)의 내용을 품(品)으로 나눈 편장(篇章)의 제목. 여기서는 글의 제목.
13) 호위하는 신(神). 천인(天人)이 동자의 형상으로 세상에 나타난 그것.
14) 석가모니 부처님이 증오(證悟)하여 칭양(稱揚)한 불(佛)의 만행(萬行)을 불멸 후 500 아라한의 우두머리가 된 가섭(迦葉)의 명을 받고 아난(阿難)이 그의 기억에 의하여 경(經)과 율(律)을 결집(結集)하였음.
15) 선(善)을 행하고 악(惡)을 없애는 사람이란 뜻으로, 머리를 깎고 불문(佛門)에 들어가서 도를 닦는 사람. 여기서는 뒷날 500나한이 된 500 수도자들을 일컬음.
16) 불경(佛經)을 보배에 비유하여 일컫는 말. 깊디깊고 유미(幽微)한 불교의 진리(眞理).
17) 불교의 개조(開祖). 곧 석가모니. 부처와 조사(祖師).

대승사 불상 개금 권선문

대체로 써 넓은 것을 포함하는 것을 '대(大)'라 이르고 거듭 옮겨 멀리 이르는 것을 '승(乘)'이라 한다. 가까운 유사(遺史)를 살펴보면 옛날 신라 때 원효조사(元曉祖師)께서 신통력으로 중국 법운사(法雲寺)의 승(僧) 일천십이 명을 이끌어들이니[1] 모두 대법(大法)[2]을 승(乘)하여 멀리 동해안에 이르렀다.

그 가운데 일천 명은 울산(蔚山) 땅의 원적산(圓寂山)에 머물러 성불(成佛)하니 마침내 산 이름을 천성산(千聖山)으로 고쳤고, 또 집로승(執勞僧) 여덟 사람이 대구(大丘) 땅 공산(公山)에 머물러 성불(成佛)하니 드디어 팔공산(八公山)이라 이름을 고쳤다.

또 네 사람이 상주(尙州) 땅 공덕산(功德山)[3]에 머물러 성불(成佛)하니 드디어 사불산(四佛山)이라 하였다고 한다.

또 일설(一說)에는, 신라 때 한 개의 큰돌이 하늘에서 산정(山頂)에 떨어지니 사면(四面)에는 부처 형상이 조각된 채 붉은 비단에 싸여 중봉(中峯)에 우뚝 섰던 고로 또한 이름을 사불산(四佛山)이라 하였다

---

1) 대각 견성(大覺見性)한 원효대사(元曉大師)는 통불교(通佛敎)를 제창하고 정토교(淨土敎)의 선구자가 되었으며 99부 240권에 달하는 저술을 남겨 중국인들이 이 저술을 '해동소(海東疎)'라 칭송했으므로 중국인들의 동토(東土)에 대한 대단한 열망이 일어났을 것으로 짐작됨.

2) 뛰어난 부처의 교법. 대승(大乘)의 별칭.

3) 경북 문경시 산북면에 있는 산. 당시에는 상주현에 소속되어 있었음.

고도 한다.

이때가 진평왕(眞平王) 9년 정미년(丁未年 : 587)[4)]이었으니 어가(御駕)[5)]는 명(命)하여 여기에 이르러 그 네 불상을 쳐다보고는 드디어 그 밑에 절을 창건하고, 사액(賜額)[6)]에 이르기를 '대승(大乘)'이라 하였으니 '대승'의 뜻이 좋은 까닭이니라 .

당(唐)의 개원(開元)[7)] 원년(元年) 계축년(癸丑年 : 713)[8)]에 불상 3존을 새로 만들고 도금하였다.

건륭(乾隆) 갑신년(甲申年 : 1764)에 이르러 옛 전각을 중수하니 아! 옛날 갑신년의 초창과 지금 갑신년의 중수에서 상하의 갑신(甲申)이 은연중에 서로 상부하였으니 이에 사불(四佛)의 광대한 덕화(德化)와 신통력(神通力)이 멀리 여기에 이르러 거듭 일어났구나!

신라 왕사(王師) 망명비구(亡名比丘)[9)]가 여기에 대법(大法)을 승(乘)하고는 연(緣)을 다해 서귀(西歸)[10)]하니 무덤에 연(蓮)이 났다. 고려 왕사 나옹화상(懶翁和尙)[11)]이 여기에 대법을 승하고 이 산의 서쪽 묘적암(妙寂庵)에서 득도(得度)하였다.

그 후 함허조사(涵虛祖師)[12)]는 대법을 여기에 승하고 이 산의 동쪽

---

4) 원문에 '갑신(甲申)'으로 된 것은 『삼국유사(三國遺事)』의 기록을 따른 듯하나 상고해 보면 『삼국유사』의 갑신(甲申)은 정미(丁未)의 오류(誤謬)임이 분명함.
5) 임금님이 타는 수레. 대가(大駕). 보가(寶駕).
6) 임금님이 이름을 지어 이를 새긴 편액(扁額)을 내림.
7) 당나라 현종(玄宗)의 연호. 713년을 원년(元年)으로 함.
8) 원문에는 을사(乙巳)로 되어 있어서 어느 사료(史料)에 의한 것인지는 밝히지 못했으나 개원(開元) 원년(元年)은 서기 713년인 계축(癸丑)이 틀림없음.
9) 사불산(四佛山) 대승사(大乘寺)의 개산조사(開山祖師).
10) 서방정토(西方淨土)로 돌아감. 타계(他界)를 이름. 죽음.
11) 고려 후기의 스님. 초명은 원혜(元慧), 법명은 혜근(惠勤). 1339년(충렬왕 복위 8) 20세 때 공덕산(功德山), 곧 현재의 사불산(四佛山) 묘적암(妙寂菴)에서 요연(了然)을 통해 득도(得度)함. 저술 : 『나옹화상 어록』 1권, 『나옹화상 가록』 1권. 모두 현존. 「서왕가(西往歌)」의 작자.
12) 고려 말 조선 초의 스님. 1406년(태종 6)에 대승사(大乘寺)에 와서 세 차례에 걸쳐

에 있는 반야암(般若庵)에서 교화(敎化)하였다.

암자들이 모두 태연히 보전되어 있고 행적(行跡)을 오히려 유존(遺存)하고 있으니 가히 명찰(名刹)이라 이를 만하도다!

옛날, 우리 부처님 여래(如來)께서 대법을 승하시고는 하늘에 오르시어 오래되어도 내려오지 아니하실 때, 우전왕(于塡王)이 추모하여 나무로 새기고 흙으로 소상(塑像[13])을 만들어 기도하니 곧 응하였고, 공경하지 아니한즉 복이 없었다고 한다.

무릇 가상(假像)으로서의 감응이 오히려 이와 같았고 이것은 소상(塑像)으로 일어난 것이거늘, 부처님을 섬기는 자는 가히 부지런하지 않을 수가 없느니라.

전각은 비록 새로 중수를 했으나 부처님(불상)은 곧 겨를이 없어 금니(金泥[14])가 벗겨 떨어져서 쳐다봄에 위엄이 없어졌으니 비록 부처님의 진체(眞體)에는 손상이 없다고 하나 실로 사람들의 눈에 부끄러워 불상에 도금을 하자는 뜻이 모아진 지가 오래되었다.

그러나 일은 크고 힘은 미약해 혼자 이루기가 어려워 감히 앞으로 군색한 말을 널리 단문[15]에 알리느니, 원하건대 여러 선남 선녀들이여! 속세의 재물이 저녁 연기 같음을 깨닫고 인생 또한 아침 이슬임을 생각해 보시의 문을 크게 열지어다.

큰 공덕을 세워 공덕산이 한층 더 높아지며 대승사가 다시 오는 천년 뒤에는 곧 부처님의 무엄(無嚴)이 유엄(有嚴)하고 스님들의 무의(無依)가 유의(有依)하도록 다함께 이 글에서 감수(感受)함이 어떠한가?

반야암(般若庵)에서 강석(講席)을 베풀었음. 저술 : 『원각경소』 3권 1책, 『금강경오가해 설의』 2권 1책, 『현정론』 1권, 『반야참문』 1권, 『윤관(綸貫)』, 『함허화상 어록』, 『영가집 설의(永嘉集說誼)』, 『유석질의론(儒釋質疑論)』 등이 있음.

13) 점토(粘土)로 만든 인물의 모형.

14) 아교풀에 갠 금박가루.

15) 단문(檀門) : 절에 시주하는 집안.

사불산 안영[1]문

담화(曇花[2])가 피기 시작하여 맑은 향기를 널리 퍼뜨리니 서산에 흘러 보악(寶萼[3])이 거듭 찬란하다.

오직 우리 능파조사(凌波祖師[4])께서 그 단(端[5])을 멀리 이으려 하셨으나 인연이 다다라 마침내 화멸(化滅)하셨으니, 오호! 사랑과 음덕을 받들어 추모할 수가 없구나!

사랑과 음덕의 진제(眞諦)를 그림으로 그리려 해도 어찌 사불(四佛[6])과 임천(林泉[7])이 살아 있는 얼굴을 드러낼 것이며, 하늘과 땅이 항상 고요하고 해와 달이 한결같이 한가로우며, 향기가 항상 넘쳐 나오되 영겁에 남음이 없을 것이니라.

---

1) 안영(安影) : 거울 속의 그림자처럼 안밀(安謐)한 모습.

2) 담화(曇花) : ① 구름 꽃. 꽃구름. ② 하늘의 해를 비유. 우담화(優曇花≒優曇華) : 인도의 상상(想像) 속의 식물. 삼천 년에 한 번씩 꽃이 핀다는 것으로, 이 꽃이 필 때에는 금륜명왕(金輪明王)이 나타난다고 함. 위의 경우에는 ①과 ②의 어느 쪽으로 이해해도 가능하지만, '우담화'를 '사랑과 음덕의 주체'라는 점을 고려해 본다면 오히려 하늘에 떠오른 '해[太陽]'와 '우담화(優曇華)'를 결부시켰다고 보는 것이 타당할 것으로 보임.

3) 보악(寶萼) : 좋은 꽃 받침대. 여기서는 태양을 받들고 있는 '서산(西山)'을 꽃받침대로 비유하고 있음.

4) 능파조사(凌波祖師) : 괄허(括虛)스님의 은사(恩師)스님. 능파조사(凌波祖師)는 당시 대승사의 장로스님.

5) 단(端) : 사랑과 음덕의 진제(眞諦)

6) 사불(四佛) : 사불(四佛) 또는 사불산(四佛山). 중의법.

7) 임천(林泉) : 수풀과 샘(물). 수풀 속의 샘. 곧 '사불산의 참모습'.

괄허를 해설함

객(客)이 찾아와서 '괄허(括虛)'에 대하여 물어 말하기를, 선생께서는 '괄허(括虛)'로써 당호(堂號)를 삼으셨는데 감히 그 말뜻을 물어보고 싶다고 하였다.

괄허(括虛)란 말하자면, 평상시에는 '나'를 말하거니와 대체로 내가 이르는바, '괄허(括虛)'라는 것은 '시방(十方)의 허공(虛空)[1])을 괄(括)[2]) 한다'는 것이니 만물이 허(虛[3]))하다는 '다른 허(虛)'를 말하는 것이 아닐세.

이르는바, 만물이 허(虛)하다는 것은 각종 물(物)이 모두 '허무(虛無) 하다'는 것이며, 또 같은 물(物)에서도 그 낱낱의 물(物)이 모두 허무하다는 것이니

아아! 천년의 문장(文章)이 석양(夕陽) 가에 있다해도
곧 하나의 허(虛)요

만대의 영웅이 한순간의 번갯불 사이에 있었던 것도

---

1) 여기서는 곧 '태허(太虛)'를 가리킴.
2) 묶다. 맺다. 감독하다. 이르다. 찾다. 구명(究明)하다. 궁구(窮究)하다. 받아들이다. 총괄한다.
3) ≒허무(虛無) : 허무하다. 덧없다. 무상(無常)하다.

곧 하나의 허(虛)니라.

조그마한 달팽이 뿔 위에서
촉·만 두 나라가 다투었다[4]는 소식도
하나의 허(虛)요

봄날의 꿈에서 장주(莊周)가 자기 형상과
그림자를 뒤바꿔 생각하였다는 것[5]도
하나의 허(虛)요

한단(邯鄲)의 베개에서 얻은 영화(榮華)[6]로운 꿈도
하나의 허(虛)니라.

새옹지마(塞翁之馬)[7]의 잃음과 얻음도
곧 하나의 허(虛)요

하(夏)나라 사직(社稷)이 집을 공조(貢租)로 바치게 한 것과
구정(九鼎)[8]을 되려 옮겨 바친 것도

---

4) 와각지쟁(蝸角之爭). 만촉지쟁(蠻觸之爭).
5) 장주지몽(莊周之夢) : 장자(莊子)가 꿈에 나비가 되었다가 깬 뒤에, 장주(莊周)가 나비가 되었는지, 또는 나비가 장주가 되었는지 판단하기에 애를 썼다는 고사. 나와 외물은 본디 하나라는 이치를 설명하는 말. 장자사상(莊子思想)의 근간이 됨.
6) 부귀영화(富貴榮華)를 마음껏 누리다가 깨고 나니 꿈이더라는, 인생과 부귀영화가 덧없고 허무하다는 한단지몽(邯鄲之夢), 노생몽(盧生夢), 황량몽(黃粱夢) 참조.
7) 모든 것이 전전(轉轉)하여 무상(無常)하니, 인생의 길흉(吉凶)·화복(禍福)이란 항시 바뀌어 예측할 수가 없음을 나타내는 고사(故事). 「회남자(淮南子)」의 인간훈(人間訓).
8) 중국의 우왕(禹王) 때에 구주(九州)에서 금을 모아 만든 솥. 하(夏)·은(殷) 이래로 천자에게 전하여 오는 보물임.

곧 하나의 허(虛)요

아라한(阿羅漢)[9]도 울지 않는 더위에
구리부처가 눈물을 흘린다는 것도
곧 하나의 허(虛)요

신선(神仙)의 자두꽃이 흩날려 떨어져 내 말[馬]
옆에서 향기가 사그라진다는 것도
곧 하나의 허(虛)니라.

육조(六朝)[10]의 구허(丘墟)[11]에 오계(五季)[12]의
풍우(風雨)가 몰아친 것도
하나의 허(虛)요

바다[海]가 마르고 산(山)이 무너질 듯하던
충신(忠臣)의 분개(憤慨)도
하나의 허(虛)요

천장지구(天長地久)[13]와 같은 변함없는

---

9) 소승불교의 수행자 가운데 가장 높은 지위. 부처님의 경지에 들지 못하고 수행중인 자를 이름.

10) 중국 왕조의 오(吳)·동진(東晉)·송(宋)·제(齊)·양(梁)·진(陳)의 총칭. 유려정교(流麗精巧)한 풍(風)을 이룬 문화시대. 도연명(陶淵明)·왕희지(王羲之)·고개지(顧愷之) 등의 명인이 나왔음.

11) 예전에는 번화했으나 지금은 쓸쓸하게 된 곳.

12) 중국의 후오대(後五代)를 다섯 왕조가 자주 갈린 계세(季世)라는 뜻을 간단히 이르는 말. 오대(五代).

13) 하늘과 땅은 영구히 변함이 없음.

열사(烈士)의 한(恨)도
하나의 허(虛)요

이어 불가(佛家)에서 이르는바 삼천세계(三千世界)가
바다 위에 뜬 거품과 같다함도 곧
하나의 허(虛)요

백억(百億)의 불신(佛身)이 공중(空中)에 뜬
환상(幻想)의 꽃과 같다 함도 곧
하나의 허(虛)니라.

사대(四大)[14]의 본질(本質)이 일시적으로
삼연(三緣)[15]을 빌려서 부지(扶持)해 가는 것도
곧 허(虛)요

오온(五蘊)[16]의 마음이 육진(六塵)[17]을 맞이하여
생멸(生滅)하는 것도
곧 허(虛)요

열 사람의 사신(使臣)이 번뇌(煩惱)해도
근거 없이 발(發)하면

---

14) 일체의 물체를 구성하는 지(地)·수(水)·화(火)·풍(風)의 네 요소.
15) 친연(親緣)·근연(近緣)·증상연(增上緣)의 총칭.
16) 물질(物質)·정신(精神)을 오분(五分)한 색(色)·수(受)·상(想)·행(行)·식(識)의 다섯 가지 적취(積聚).
17) 천성(天性)을 더럽히는 육식(六識)의 대상계(對象界). 곧 색(色)·성(聲)·향(香)·미(味)·촉(觸)·법(法)의 육경.

곧 허(虛)요

팔풍(八風)[18]이 헐뜯고 칭찬할지라도
구멍 찾지 아니하고 사는 것도
곧 허(虛)니라.

장(張)은 살고 이(李)가 죽는 것은
다만 생사(生死)의 허(虛)요

백로는 희고 까마귀가 검은 것은
다만 흑백(黑白)의 허(虛)요

진(秦)은 망하고 초(楚)가 남은 것은
다만 존망(存亡)의 허(虛)요

서(西)는 얻고 동(東)을 잃은 것은
다만 득실(得失)의 허(虛)니라.

그런즉 영예(榮譽)로 부양(浮揚)하는 것도
치욕(恥辱)으로 침강(沈降)하는 것도
이것이 모두 허(虛)요

귀함과 천함, 어짊과 어리석음[愚]

---

18) 팔풍(八風) : 팔방(八方)의 바람. 곧 동북의 염풍(炎風), 동방 조풍(條風), 동남 혜풍(惠風), 남방 거풍(巨風), 서남 양풍(涼風), 서방 유풍(飂風), 서북 여풍(麗風), 북방 한풍(寒風). 여기서는 '온 세상'의 뜻.

이것이 또한 허(虛)요

다스림과 어지러움, 흥함과 망함
이것이 또한 허(虛)요

이로움과 해로움, 헐뜯음과 칭찬함
이것이 또한 허(虛)니라.

고금을 통하여 만물을 보아
옛것이 낫다는 것이 허(虛)요

아래위를 달려 백 가지의 대그릇을 보아도
앞으로가 낫겠다는 것이 허(虛)일세.

어둡고 혼잡하여 모두가 한바탕 허환(虛幻)을 이루네.

지금부터 한바탕의 허환(虛幻)을

공씨(孔氏)[19]에게 물으려 해도
곧 행단(杏壇)[20]이 이미 허(虛)요

석씨(釋氏)[21]에게 물으려 해도
곧 영산(靈山)[22]이 이미 허(虛)일세.

---

19) 공자(孔子).
20) 단(壇)의 이름. 공자(孔子)가 제자(弟子)를 가르치던 당(堂)의 유지(遺址).
21) 석가(釋迦).
22) 영취산(靈鷲山) : 석가모니 부처님이 『법화경(法華經)』과 『무량수경(無量壽經)』을

신(神)에게 물으면 신이 어찌 말을 하겠는가?
하늘[天]에 물으면 하늘이 어찌 말을 하겠는가?
땅[地]에게 물으면 땅이 어찌 말을 하겠는가?

산에게 물으면 산은 묵묵(默默)하여 말하지 아니하고
물에게 물으면 물은 망망(茫茫)하여 말하지 아니하네.

창을 열고 달과 마주하니 달은 그저 맑고 밝을 뿐이요
발을 걷고 바람을 맞으니 바람 또한 쓸쓸할 뿐이로다.

호수 위에서 고기를 보면 고기는 나를 알아보지 못하고
하늘 바깥의 솔개를 보면 솔개는 나를 알아보지 못하네.

나는 앞으로 상제(上帝)에게 물으려 하나
상제(上帝)는 스스로 귀기울여 듣지를 아니하고

태허(太虛)에게 돌아와 태허(太虛)에게 되물어도
태허(太虛) 또한 묵묵하여 대답하지 아니하네.

다만
불어남[增]도 없고 줄어듦[減]도 없는
태어남[生]도 없고 사라짐[滅]도 없는
일체성(一體性)[23)]을 시방(十方)이 두루 보여 주는구나!

강(講)하던 곳.

23) 일체(一體)를 이루고 있는 성질. 개체성(個體性)이 없음. 진성(眞性). 곧 태허(太虛)의 본성.

이러므로 나는 생멸(生滅)하는 가운데서도 생멸(生滅)하지 아니하는 진성(眞性)[24]을 가지고 내 이름을 삼았다고 하였다.

객(客)은 말없이 자리에서 움직이며 머리를 끄덕이더라.

---

24) 인위적이 아닌 있는 그대로의 성질. 천부적(天賦的)인 성질. 만물의 본체성(本體性). 진여(眞如).

만족과 불만족

사람은 진실로 만족(滿足)을 아는 사람이 있고, 또 만족을 모르는 사람이 있다.

대체로 만족을 모르는 사람은 비록 고대광실(高臺廣室)에 살아도 만족할 줄을 모르고, 백관(百官)을 거느리며 만종(萬鍾)의 녹(祿)을 먹을지라도 만족을 모를 뿐 아니라, 두 개의 주(周)나라를 삼키고 육국(六國)을 병합했을지라도 만족을 모르느니라.

만족을 아는 사람은 밥 한 그릇과 나물 한 접시로도 만족하고, 새끼를 둘러서 나뭇짐을 질지라도 만족할 줄 알며, 심지어는 하루에 한 끼만 먹어도 만족하느니라.

그러므로 만족(滿足)과 불만(不滿)은
물(物)에 있지 아니하고 나에게 있는 것이니

내가 만약 부족하다면 곧 만족함에도 항상 부족하고
내가 만약 만족을 안다면 부족한데도 항상 만족하니라.

항상 만족을 아는 사람은 항상 만족을 모르는 사람의 웃음거리가

되면서도 자기 스스로를 비웃지 않는 까닭에 항상 만족함을 알며,

항상 만족을 모르는 사람은 항상 만족을 아는 사람의 연민(憐憫)이 되면서도 자기 스스로를 연민할 줄 모르는 까닭에 항상 부족하니라. 그러나

항상 만족함을 아는 사람은 부족한 때가 없고
항상 부족한 사람은 화가 일어날 때가 있으니
나는 알지 못하겠노라, 그 누가 지혜로운가를.

아! 수풀에는 새가 있고
연못에는 물고기가 있되

새는 수풀을 기다려 만족하는 자(者)이고
물고기는 연못을 기다려 만족하는 자(者)이니라.

하늘이 만물을 낳음에
각각 자기 만족으로써 만족에 머무르게 하였는데

오늘날 만족을 구하는 사람들은
숲에 처해 있으면서 연못을 얻고자 하니
만족을 구하고자 하나 얻지 못하게 되고

아울러 항상 만족에 있는 사람은
만족을 잃었는데도 또한 만족을 보느니라.

그러나 세상에는 만족을 아는 사람이 항상 적고
만족을 모르는 사람이 항상 많으니
이것은 무슨 까닭인고?

그 만족과 불만이 외물(外物)에만 있고
나에게 있지 아니하구나! 딱하도다!

다투는 두 중을 꾸짖음

두 중이 서로의 이해(利害) 관계로 다투었다. 내가 부르니 왔기에 꾸짖었다.

옛날 송나라 사람 포공(包公)이 재상(宰相)으로 있을 때, 고을에 스스로 진정하는 자가 있어 말하기를, "이전에 많은 돈을 내게 맡긴 자가 죽었습니다. 그래서 그 아들에게 돌려주었더니 그 아들이 받지 않았습니다. 바라옵건대 공(公)께서 그 아들을 불러 받도록 해 주십시오." 했다.

공(公)이 이런 이상한 일에 감탄하고는 곧 그 아들을 불러 말했다.

그 아들은 사양하며 말하기를, "우리 선친(先親)께서는 이런 일이 없으시다." 하고 사양하며 받지를 않았다. 공(公)은 부득이 그 돈을 여러 사찰(寺刹)과 도관(道觀)[1]에 부탁해서 죽은 사람을 천도(薦度)[2]하게 하였다.

저 속세의 번뇌 속 사람들도 오히려 재물에 소홀하고 의리를 사모함이 이러하거늘, 하물며 너희들은 불자(佛子)들이 오히려 속인만도 못하냐? 드디어 청규율(淸規律)[3]로 다스렸느니라.

---

1) 도교(道敎)의 사원(寺院). 도사(道士)가 수도(修道)하는 곳. 깊은 산속의 수행자(修行者)가 수도하는 곳.
2) 죽은 혼령(魂靈)을 극락세계로 가게 하는 일.
3) 선종(禪宗) 사원에서 몸가짐이 깨끗한 여러 수행자(스님)들이 일상 지켜야 할 규칙. 승단(僧團)에서 지켜야 할 청정한 규칙.

나쁜 사람을 훈계하다

악(惡)에는
형태가 있는 악이 있고
형태가 없는 악이 있다.
형태가 없는 악이란 사람을 해하는 것이고
형태가 있는 악이란 사람을 죽이는 것이다.

사람을 죽이는 일은 적으나
사람을 해하는 일은 많은데
많은 것은 오히려 죄가 가볍고
적은 것은 오히려 죄가 무겁다.

가볍고 무거움은 다르나
죄가 되기는 일반이다.

모름지기 싹트기 전에 마음을 다스리고
어지럽기 전에 감정을 막아서
무형(無形)을 범하지 말 것이니
아니면 유형(有形)에 이르느니라.

선을 권함

대체로 사람의 화복(禍福)은
선악을 쌓음에 매였느니라.
선(善)을 쌓으면 반드시 복(福)이 이르고
악(惡)을 쌓으면 반드시 화(禍)가 이르니

비유하건대
그림자[影]나 음향(音響)의 상응함과 같고
무릇 만물이 태어나면 반드시 죽음이 있는 것과
마치 밤이 오면 아침이 오는 필연과도 같으니라.

오호! 사람이 세상에서 살아가는데
필연의 형세(形勢)가 있으니
그 누가 백년을 살 것인가?

원하나니, 선남 선녀들이여!
세상이 무상함을 깨닫고, 재물이 화가 됨을 알지어다.

불선(不善)으로써 화(禍)를 입지 말 것이며
반드시 선(善)을 쌓아 복(福)을 받을지어다!

홍탄대사를 보내면서

그대는 관북(關北)의 설담(雪潭)으로부터 순방하여 영남(嶺南)의 괄허(括虛)에게 이르렀네. 그 뜻이 남쪽 순방에 있는가. 심경을 묻기 위해서인가.

설담(雪潭)은 담(澹)하고 담(澹)이 곧 허(虛)를 괄(括)하니 괄허(括虛) 역시 담(澹)하고, 허(虛)와 담(澹)의 바탕은 본래의 면목(面目)[1]이라네.

북(北)은 어둡고 남(南)은 밝으나, 명암의 바탕은 본지풍광(本地風光)[2]이니 본지풍광이 어찌 남북이 다름이 있고 그대와 나의 심경이 어찌 다름이 있겠는가?

오직 그대는 남과 북 그리고 우리들의 심경이 나누어지기 전에는 하나였음을 알아차렸을 것일세.[3]

---

1) 본래의 면목 : 본지풍광(本地風光).
2) 본지풍광(本地風光) : 본래의 면목(面目). 본지(本地) : 진실신(眞實身)인 불보살(佛菩薩). 풍광(風光) : 덕화(德化)가 빛남. 또는 빛나는 덕화.
3) 괄허대사(括虛大師)는 여기서 '남돈(南頓)', '북점北漸)'이란 특성으로 인한 선종의 분파(分派)를 인정하면서도 분파되기 전에는 하나였음을 깨우쳐 주면서 북에서 찾아온 홍탄대사(洪綻大師)를 위로하고 있음. 원문에는 ○부분에 글자가 비어 있으나 앞뒤의 문맥으로 보아 역접(逆接) 연결조사 '然'자인 것으로 추측된다.

송처사에게

귀는 영천수(潁川水)[1]에서 씻지를 말고
입은 수양산(首陽山)[2]에서 고사리를 먹지 말게나.

수양(首陽)의 바람과
영천(潁川)의 달빛이

천지에 통하고
고금에 걸치어

극히 청허(淸虛)[3]하고
비록 교결(皎潔)[4]할지라도

세상 사람 모두가 이렇게 되면 오히려
대의(大義)가 멸절(滅絶)할까 두렵다네!

---

1) 중국 남난성(河南省) 임영현(臨潁縣)에 있는 강. 허유(許由)와 소보(巢父)의 고사(故事)로 유명함.
2) ① 중국 산시성(山西省) 서남쪽에 있는 산. 역성혁명(易姓革命)의 반대자 백이(伯夷)와 숙제(叔齊)가 이 수양산에서 고사리를 먹고 살다가 굶어 죽었다고 함. ② 황해도 해주시 북서쪽에 있는 산. 여기서는 ①과 ②의 중의법.
3) 마음이 맑고 잡된 생각이 없어 깨끗함.
4) 밝고도 맑음.

괄허 대화상 행장

화상(和尙)[1]의 휘(諱)는 취여(取如)요 호는 괄허(括虛)이다. 성(姓)은 여씨(余氏), 시조(始祖)의 휘(諱)는 선재(善才)이니 송(宋)나라 때의 간의대부(諫議大夫)로서 직간(直諫)[2]하기를 좋아하여 임금의 뜻에 어긋났으므로 중화(中華)에서 용납(容納)하지 않아 항해(航海)하여 동쪽으로 와 의령(宜寧)에 자리잡으니 고려조(高麗朝)에서는 의령공(宜寧公)으로 봉(封)하였다.

자손들이 뒤이어 저적(著籍[3])하였다. 21세에 이르러 통덕랑(通德郎) 휘(諱) 일정(日正)이 안동(安東) 권씨(權氏)를 취(娶)하여 용궁(龍宮)[4]의 송죽동(松竹洞) 집에서 화상(和尙)을 생(生)하니 곧 경묘(景廟[5]) 경자년(庚子年) 9월 17일이었다.

재기(才氣)가 월등하게 뛰어나 경서(經書)·사기(史記)·자전(子傳)[6] 등을 잠시 들으면 곧 외우므로 선생들이 자주 감탄하여 말하기를 이

---

1) 수행(修行)을 많이 한 스님. 도(道)를 가르치는 스님. 스님의 경칭.
2) 직접 마주 대해서 바른 소리하여 잘못을 고치게 함.
3) 두드러지게 기록에 이름이 드러남.
4) 고려 현종 이전에는 송죽동이 용궁현에 속해 있었음.
5) 1720년 경자년(庚子年)을 '숙종 46년'으로, 또는 '경묘(景廟) 원년(元年)'으로 기록하기도 하여 혼란이 있으나 둘 다 틀린 것은 아니다. 경자년(庚子年) 6월에 숙종이 승하(昇遐)하고 경종(景宗)이 왕위를 이었으므로 기산(起算)하는 방법의 차이에서 오는 혼란이다.
6) '공자(孔子)의 전기(傳記)' 또는 '아성(亞聖)들의 전기.'

아이는 천재(天才)로서 반드시 대성(大成)할 것이라 하였다.

13세에 사불산(四佛山)의 대승사(大乘寺)에 몸을 던져 능파조사(凌波祖師)에게서 축발(祝髮)하고 진곡선사(眞谷禪師)에게서 구족계(具足戒)를 받으니, 비니[7]에 엄정하여 털끝만큼도 어긋남이 없었다.

늙은 석덕(碩德[8])들이 서로 더불어 감탄하여 말하기를, 우리들이 이름은 비록 종사(宗師[9])이나 범행(梵行[10])은 곧 이 사미(沙彌)에게 부끄럽다 하였고, 그가 교(敎)에 크게 몰두하니 신통한 깨달음이 출군(出群[11])하였으며, 당시의 횡경지배(橫經之輩[12])들이 혹시라도 앞서보지를 못했다.

큰 인물들 모두가 불법의 동량(棟梁)으로 기대했으며 그는 당세의 이 부류의 모든 사람들에게서 중히 여겨졌다.

유력(遊歷[13])을 마치고는 환암장로(幻庵長老)에게서 선지(禪旨)를 받고 환응선사(喚應禪師)에게서 의발(衣鉢)을 받으니, 청허대사(淸虛大師 : 西山大師)에게는 십세 손이 되고 환성대사(喚惺大師)에게는 육세 손이 된다.

교남(嶠南[14])의 여러 고찰(古刹)을 물병과 지팡이 하나로 지치도록 돌아다녔으며, 납자(衲子)로서 가사(袈裟)와 염주(念珠)를 받은 사람은 화상(和尙)을 가리켜 당할 사람이 없다 하며 머리 숙였다.

가람이 폐퇴(廢頹)한 것은 일으키고 기강(紀綱)이 허물어진 것은 진작시켰으니 남쪽의 남장사(南長寺), 북쪽의 운봉사(雲峯寺)가 그 대표

---

7) 비니(毘尼) : 계율(戒律). 범어 'Vinaya'의 음역.
8) 높은 덕. 덕이 높은 사람. 덕이 높은 스님.
9) 모든 사람들이 숭앙(崇仰)하는 사람. 법맥(法脈)을 받고 건당(建幢)한 높은 스님.
10) 불도(佛道)의 수행(修行).
11) 출중(出衆)함. 뭇 사람 속에서 뛰어남.
12) 경서(經書)를 가지고 다니며 학문에 열중하는 무리들.
13) 여러 곳으로 놀러 돌아다님. 여기서는 여러 곳을 다니며 공부했다는 뜻.
14) 영남(嶺南).

적이다.

정묘(正廟)[15] 연간에 운봉사(雲峯寺) 양진암(養眞庵) 방장에 머무시다가 기유년(己酉年 : 1789) 사월 십오일, 갑자기 지필(紙筆)을 당겨 두 게송(偈頌)을 써서 이르시기를,

칠십 년 간 지낸 일이
마치 꿈속의 사람일세.

담연하기가 물 속의 달 같은데
몸은 어이 오고 가고 하는고.

환생하여 왔다가 환생 좇아가니
오고 가는 환생 중 사람이건만

환생 중에서도 환생하지 아니하는 것
이게 나의 본래의 몸이라네.

라하고는 붓을 던지며 가부합장(跏趺合掌)하고 서거(逝去)하시니, 세수(世壽)는 칠십이요 법랍(法臘)[16]은 오십칠이었다.

본디 글과 말을 좋아하지 아니하셨다. 지관(止觀)[17]의 틈틈이 내뱉은 말이 주옥(珠玉)을 이루고 때로는 장구(章句)를 이루니, 그것이 시(詩)가 되었다. 아담(雅淡)하고 고고(高古)하며 입언(立言)[18]이 되니 뜻

15) 조선 22대 정조(正祖) 때.
16) 스님이 된 뒤로부터 치는 나이.
17) 천태종(天台宗)에서, 산란한 망념(妄念)을 그치고 정적(靜寂)한 명지(明智)로써 만법(萬法)을 관조(觀照)하는 일. 여기서는 참선(參禪)을 이름.
18) 후세에 모범이 될 만한 의견을 세움. 교훈적인 말을 남김. 의견을 세상에 발표함.

이 깊고 높으며 훌륭한 구슬이었다.

또 서법(書法)[19]이 공교(工巧)하여 불전(佛殿)과 승료(僧寮)의 편액(扁額)이 대사의 손으로 빚은 것이 많이 나와 지금까지도 용사(龍蛇)가 살아 움직이는 기세(氣勢)를 보인다.

모두는 성정(性情)의 바름[正]과 도덕(道德)의 묘제(妙諦)[20]에서 얻었다. 그러므로 문장(文章)과 필법(筆法)은 기대하지 않았는데도 스스로 공교(工巧)하였느니라.

대사(大師)의 법(法)을 이어받은 이가 십여 명이 있으나 완송 척전(玩松陟詮)이 골수(骨髓)를 이은 그 한 사람이다. 완송(玩松)이 정봉 경현(靜峯景賢)을 배출하니, 정봉(靜峯)은 부지런히 법(法)을 닦고 염불(念佛) 삼매경에 들었으며 시적(示寂)[21]하던 날은 산이 울고 골짜기도 함께 응하였다. 화화(火化)[22]하던 날 저녁엔 사리(舍利)가 빛나고 신령스러우니 이것은 보기 드문 상서로운 모습이었다.

정봉(靜峯)은 용계 우홍(龍溪宇弘)을 배출하고, 용계(龍溪)는 두암 서운(杜巖瑞芸)을 배출하였다. 경운(景雲)[23]으로써 복(福)을 내리니, 두암(杜巖)은 효행(孝行)이 있고 품행(品行)이 조심스러우며 스승 섬기기를 어버이 섬기듯 하고 몸 지키기를 주옥(珠玉) 보호하듯 하니 총림(叢林)에 이름이 있었다.

또 경운(景雲)으로써 복을 내린즉, 서운(瑞芸)은 곧 법문(法門)의 영수(領袖)가 되어 종맥(宗脈)의 교(教)를 크게 떨치고 겸하여 할 말이 있으면 편지로 써서 여러 곳에 보내었으니 사사로이 쌓은 문서가 산더

---

19) 글씨 쓰는 법. 문장을 쓰는 법.
20) 묘한 진리. 뛰어난 진리.
21) 불자(佛子)의 죽음.
22) 불도를 닦은 사람이 열반(涅槃)할 때에 스스로 불 속으로 들어가 입정(入定)하는 일. 다비(茶毘). 화정(火定).
23) 서운(瑞雲). 상서로운 구름.

미같이 모였다. 이것이 곧 보타(寶唾)[24]였다.

두암(杜巖)을 이은 혜운 치민(惠雲致敏) 역시 사찰을 잘 받드는데 정성을 다하고 훌륭하였으니, 이어 말하면 가히 이르기를 유덕자(有德者)보다 낫다고들 하였다.

아아! 화상(和尙)의 전승(傳承)이 이미 육대(六代)에 이르렀다. 대대(代代)로 재덕(才德) 있는 사람을 배출하여 문풍(門風)[25]이 성창(盛昌)하였으니, 모두 화상(和尙)께서 선(善)을 쌓고 음덕(蔭德)을 끼친 덕분이었다.

유고(遺稿) 두 권이 오랫동안 상자가 넘치도록 보관되어 오다가 1권의 중간 부분이 유실(遺失)되었다. 아! 낙중(洛中)[26]의 선비들이 거의 모두가 일찍이 권청대(權淸臺), 정해좌(丁海左) 등 여러 선생(先生)과 교유(交遊)하며 주고받은 글이 많았다. 이것이 이제 없어진 한두 편을 실권(失卷) 중에 싣게 된 연고(緣故)이다.

지난 무인년(戊寅年 : 1878) 봄에 두암공(杜巖公)이 남아 있는 1권을 출판해 오래 전하고자 한다며 이미 내게서 변문(弁文)[27]을 받아 갔는데, 선사(先師) 함홍화상(涵弘和尙)[28]께서 병을 이기지 못하고 업(業)을 마치던 이 해 가을에 혜운(惠雲)이 함홍(涵弘)의 뜻과 같이하고자 하여 활자(活字)를 구득(求得)하고 불녕(不佞)에게 행록(行錄)을 부탁해 왔다.

불녕(不佞)은 괄허화상(括虛和尙)보다 백년 뒤에 태어나서, 태어난 뒤 백년 후에 백년 전 사실(事實)을 기록하고자 하니 기록하기가 어렵구나. 그러나 옛날에 남헌(南軒) 장(張)선생은 제갈무후(諸葛武候)의 천년 뒤에 그 사실을 기록했는데도 혐의(嫌疑)가 없었다.

---

24) 보타(寶唾) : '침'의 미칭. 바뀌어 '가구(佳句)' · '명언(名言)'을 이름.
25) 문중(門中)의 기풍(氣風).
26) 낙동강(洛東江) 주변, 곧 영남(嶺南)을 이름.
27) 서문(序文).
28) 조선 후기 스님. 법명은 치능(致能). 저술 : 『함홍당집(涵弘堂集)』 2권 1책.

진실로 가히 전할 만한 사실(事實)들이고 비록 세대는 오래되었으나 오류(誤謬)가 없었다. 그러므로 그 대강을 살펴 입언(立言) 군자(君子)의 채택(採擇)에 대비하노라.

숭정기원 후 오정해년(五丁亥年 : 1887) 구월 하순
후학(後學) 야산(野山) 명원(明遠) 삼가 찬(撰)함.

괄허 대화상 유고 발문

덕(德)이 없는 것을 덕이 있다고 말하는 것은 그 조상을 속이는 것이요, 덕이 있는데도 덕을 말하지 않는 것은 그 어짊을 민멸(泯滅)하는 것이다.

선사 괄허화상께서는 내게 오세 법조(五世法祖)가 되신다. 그런데 잠영(簪纓)[1]의 후예(後裔)로서 일찍이 불문(佛門)에 의탁하셨다.

재주와 덕행이 뛰어나시고 앎이 통하지 않음이 없었으며 백가(百家)[2]와 예림(藝林)[3]을 깊숙이 꿰뚫어 색은(索隱)[4]하셨다.

팔만 해인[5]을 깊이 연구하시어 만행(萬行)[6]을 베푸시고 마음이 육근(六根)[7]을 덮으로써 이에 당세에서는 일찍이 성도(成道)하셨다고 칭송(稱頌)을 받으셨다.

환암장로(幻庵長老)[8]의 선지(禪旨)를 받고 환응선사(喚應禪師)에게서 의발(衣鉢)을 받으셨으니, 이 두 선사(禪師)께서는 우리 해동에 선교(禪

---

1) 관원(官員)이 쓰던 비녀와 갓끈. 양반의 별칭.
2) 많은 학자 또는 작가. 백가서(百家書).
3) 예원(藝苑). 예원(藝園). 예술가들의 사회.
4) 숨은 사리(事理)를 찾음.
5) 우주의 일체를 깨달아 아는 부처의 모든 지혜.
6) 팔만 해인(八萬海印) : 불교도 · 수행자(修行者) 등이 수업(修業)할 제행(諸行).
7) 육식(六識)을 낳는 여섯 가지 근. 곧 안(眼) · 이(耳) · 비(鼻) · 설(舌) · 신(身) · 의(意)의 총칭. 육입(六入).
8) 법명(法名)은 혼수(混修). 공민왕(恭愍王)의 총애를 받았으며 태조(太祖)는 보각국사(普覺國師)라 시호했다. 저술 : 『환암어록』 2권.

敎)를 크게 천명(闡明)하신 분들이시다. 조사(祖師)께서 계심으로써 이와 같이 조계(曹溪)의 근원을 또한 가히 알 수가 있었다. 교남(嶠南)의 이름난 사찰에 초청되어 왕래하셨으며, 경전(經典)을 들고 와 어려운 것을 물어가니 빈 것으로 왔다가 알맹이를 들고 간 사람들을 어찌 일일이 다 말할 수가 있겠는가?

오오! 시(詩)와 율문(律文)과 문장(文章)은 화상(和尙)의 여사(餘事)였으나 곧 어찌 권질(卷帙)을 세상에 퍼트릴 생각을 갖지 아니하겠는가? 다만 강설(講說)하고 물러서는 여가에 현사대부(賢士大夫)의 내방이 있으면 창수(唱酬) 화답한 것들인데 문인(門人)들이 수집해서 책을 이룬 것이다.

그 사(辭)가 완미(婉美)하고 구체적이며 뜻은 맑고 정조(情操)가 우아(優雅)하니, 조각하지 아니해도 떠오르는 꽃의 모습이요 자연스러이 흘러나오는 음향(音響)과 같으니, 재덕(才德)이 뛰어난 사람이 아니고서야 어찌 능히 이와 같을 수가 있는가.

무자년(戊子年 : 1888) 봄에 후손 혜운 치민(惠雲致敏) 등이 그 유고(遺稿)를 출판하여 불후(不朽)를 도모(圖謀)한다며 나와 의논하고 발문(跋文)을 요구했다. 이 아름다운 책 끝에 내 이 불초(不肖)가 어찌 감히 붓을 댈 수가 있겠는가?

그러나 대(代)를 이은 같은 할아버지의 후손으로 그 선조의 덕(德)에 가히 글이 없을 수가 없고 끝내 말 한 마디가 없을 수가 없는 고로 고루(孤陋)함을 무릅쓰고 치졸(稚拙)함도 잊은 채 삼가 발문(跋文)을 쓰나니, 화상(和尙)의 성(姓)과 관향(貫鄕)과 자호(字號)는 행록(行錄)에 실려 있는 고로 생략하고 이르노라.

세(歲) 무자년(戊子年 : 1888) 삼월(三月) 하한(下澣)
후손(後孫) 만선(滿船) 포순(抱淳) 삼가 발문(跋文)함

【附錄】

括虛集 原文

括虛禪師 遺稿

括虛大師遺集序

由太虛有天由天有人之性與心天人一理則其本虛而已虛則靜靜而動虛則通通而變虛而有盈虛而有實非性與心之虛靈不昧者孰能與於此哉海之東嶺之南商山有括虛師其詩有步虛之詞其文無鑿虛之說推以知其能存虛靈不昧之性與心不專尚乎虛無寂滅而自謂括十方之虛者不虛矣括虛系出簪纓身受衣鉢昔之西山其法祖而亦號淸虛今之惠雲其法孫而能識盈虛者也使斯人皆遇聖賢則安知不爲實若虛虛受人之君子儒乎吾黨好

人多爲佛氏引去悲夫雲以括虛稿將鋟梓而壽其傳雲之性與心亦虛靈不昧恨不虛吾心虛吾席右叩論太虛而歸之於是乎書屬之雲師

歲戊子春三月下澣資憲大夫知中樞府事兼承政院都承旨兼　經筵參贊官春秋館修撰官藝文館直提學尚瑞院正奎章閣檢校直提學兼　侍講院輔德安東金聲根海士序

括虛禪師遺集序

小白山僧尚順踵余門致其叔師惠雲上人之語曰我六世祖師括虛尊者通徹禪敎律行甚高餘事詩文咸臻其妙亢名藍法字板揭之作多出其手又喜從賢士大夫遊與權淸臺丁海左諸先生有唱酬之什不幸遺篇散逸今其存者若干頁而已然不可泯也方求活字圖厥壽傳惟公惠一言於卷端余辭不能然亦有可感者存焉夫人情久則忘忘則無所事括虛之沒已久矣雲乃收拾殘藁爲不朽計括虛而無其實無是擧也旣其有是擧也微門孫之誠之篤

無是舉也雲其賢乎哉於是閱其集暢乎其韻溫乎
其旨非治詩書學仁義之説者能爾哉其可傳也兹
集雖少何可少之哉況今獅絃絶響如兹集者尠尤
不可以不傳也尚順以是語歸報雲師
歲丁亥秋夕舫山許薰識

括虛和尚遺稿序

禪那心印之學源於迦葉派於達摩流於東震而文以器之法以輸之葉葉相承心心互傳曁乎季末去聖遠而文侵以衰則法隨以弛眼藏正法幾乎墜地幸賴先師括虛大和尚獨能背浮僞之俗揆正眞之宗始於尋詮而詰理終於依定而發慧旣使禪風寢者振祖月晦者明眞可謂飮光之宗派嫡嫡之正脈豈不誠卓乎韙哉先師出定之暇詩文雜著亦頗成貞金良玉之美而儆敎法於遺經湖淵源於佛祖信乎文者貫道之器而文之所傳道亦存焉安載之器

而傳於世者也日者五世法孫杜庵公慨夫和尙遺
藁久爲巾笥之藏圖所以鋟諸梓而壽其傳要余弁
于卷自顧蔑學何敢弄毫於正法文章以犯玷玉之
誚也旋念事係之重有不敢終辭遂書之如此若夫
止觀心法量括十方性虛三際眞不朽者固在於是
卷之外覽者空知之也
崇禎紀元後二百五十一年戊寅三月下澣後學涵
弘致能盥手謹序

括虛集目錄

祭文
勸善文

戊子七月日金龍寺養眞庵開刊

括虛集卷之一

辭

幽居辭

山中人兮在空谷坐蒲團兮女蘿衣翠嶂環而爲屛白雲飛而爲帷朝搴葉兮落落松暮採秀兮燁燁芝石泉兮泠泠漱我齒兮自潔杳然兮與世相違風埃兮不到丈室

清夜辭

日之夕兮澹偃蹇如有期兮簷雲還風來兮石榻月到兮松關耿不寐兮徘徊謇誰與之晤言夜冉冉兮

將半存一氣之孔神誦楞伽兮旣能聆寒鐘兮達晨

望雲辭

天光兮初舒旭日兮示昇奇形現兮難盡異狀紛兮誰徵閒出岫兮若有意遠遮天兮如有靈騰而如鳥兮廻如輪曳而如飄兮奮如龍飄然兮鸞鳳之翔儼然兮虎豹之雄千軍亂走兮旋旗飄拂萬馬競馳兮劍戟衝撞面面兮羣仙頭頭兮諸佛橫叙谷口兮白練千里起結空中兮玉峯萬疊隨風端而褰蕩抱日邊而縮結欲晴兮彬彬五彩欲雨兮茫茫一色一朝兮幾聚散半日兮幾起滅偶然托爾之形無端起余

之懷凡寓目者孰能長存凡屬耳者孰能無涯日月兮猶有缺蝕山川兮亦有頹涸況人身之存沒與世情之改易久速也雖殊飜覆則相同觀事物之遷變何惟乎生滅於虛空嗟呼惘然一點靈犀外誰知萬物都在浮雲中

古詩

雲山歌

青山上白雲白白雲中青山青我欲隨雲住青山白雲為關青山高松風蕭瑟月滿壑放身太卧青山頭要與白雲同坐卧白雲亦不為我留雲為何事久不

留或被淸風撤須臾行盡太虛與雨潤物化我心忽然隨雲馭淸風江山處處好相過好相過好相過明月滄波戲白鷗山默默雲悠悠無人共我雲山樂我能獨喜雲山幽一年三百六旬日長對雲山無一愁

雲山樂

獨坐雲山歌一曲曲中更有無窮樂自歌自樂何所爲樂天知命無爲樂胡爲自歌還自樂吾亦不知自樂樂雲兮山兮各無心我在其中無心樂

夢愁吟

夢裏莫言夢夢裏事夢去夢夢來夢夢不休愁中莫說愁中

語愁去愁來愁復愁

·宗風曲

一物在於此難形亦難目妙用不可思神力尤難測
生也既無始滅也何有極千變猶不動萬化長不革
三才作主初萬法爲王卓廣包須彌大細入隣虛側
乾坤在其中日月藏其握外望無盈餘內窺無聚積
癡暗復明明虛寂還歷歷隱隱視聽際覓之不見跡
昭昭俯仰間呼之不應諾自他貫古今長短兼通局
用氣俾天驚振威令地坼輕則等鴻毛重則如泰岳
速如閃電光疾若翻迅瀑能深又能淺能清又能濁

善惡受苦樂昇沉往天獄嗔恚墮修羅貪慾生鬼畜
三千諸佛母八萬法中脊變作工商士黜成公侯伯
物物猶彷彿頭頭皆具足喧喧雜衆聲的的均諸色
潑潑水中魚翩翩松上鶴鶯聲送柳岸花色開春陌
蜘蛛結網巧螗螂轉丸促巢者風可占穴者雨可卜
鶴長鳧則短鷺白烏之黑此名妙萬法莫非宗風力
黃面示宗風拈花坐靈鷲碧眼倡玄旨少林長面壁
燈點迦葉心教瀉阿難腹淨名持此物毘耶終日默
玄沙痛趾指石女暗嗟惜水潦被踏倒木入呵呵拍
泥牛入海底鐵馬衝城郭畫猫筆驅毛射賊方兜角

耳聾思百丈吐舌憶黃蘗不知是何法本地風光作
春風無高下花木自長縮至道無遐邇人根有今昔
事則雖千差理觀惟一束器金器器金尼木片尼木
摩尼塵不染薰花水不着道何云遠拭在我皆可得
禪家諸祖師此法相琱琢然有悟易難愚智分遲速
迷來經多劫悟來一瞬息昔有迷頭者今有捨父客
明珠作魚目守株待兎伏彼彼諸含靈日用猶不識
比如潭底月欲捉不能捉聲在琴上否非琴非指觸
毫釐有動念霄之天地隔空耶不空耶所以吾不度

示來定禪子

寂寞秋山中獨坐對夕暉有鵲噪空庭忽聞叩柴扉
顚倒出門迎爾來門前拜責以久不來不答心自愧
俄而卽歸去轉覺心悽然老僧貧無物只將心珠傳
此非眞九曲蜜蟻用難穿非魏徑寸珠何論乘後先
亦非轡明珠誰能拾赤川亦非龍女珠誰能獻佛前
盖此一箇珠五陰山中得功德量難思神用窮不測
無形亦無色難孔亦難纓纖纖處一塵浩浩包太淸
烱烱無玷埃靈靈有自知隱隱俯仰處昭昭視聽時
千古猶不古萬變終不變出入鎭相隨內外尋不見
本來非長短隨處現靑紅人天由此得佛祖借伊功

爾受愼自守莫向痴人說上品醍醐味恐翻成毒孽
爾見卞和氏抱璞自刖足要看秦昭王幾碎竟完璧
但將此靈珠密密回光照佛祖應加被龍天必來護
世間百年寶莽盡皆不合我之今所贈令爾古人及

次呂公韻

青山鄉白雲社烏紗與白弁坐對楓林下儒道四書
公已說禪家三教我無啞

暮春

落花千點萬巵幽鳥惟語奇音山鹿有意來宿老僧
獨坐無心

五言絕句

示淡禪子

萬法全心起千波一水成如知非外物吾道卽分明

寄露陰山人

回首露陰山山外又有山山遠人不見但見山雲還

和凌虛丈室金剛之求語

身枝七斤衲手携三尺節春風忽歸去一萬二千峯

圓通庵

庵架山高處從來不設扉居僧三四輩終日坐忘機

龜潭

舟泊龜潭上潭澄石亦奇詩成吟一罷能猿鶴是鐘期

觀心

獨坐觀心海茲茲水接天浮雲無起滅孤月照三千

秋堤坐眠逼五馬客呼韻謝謹

秋山錦繡景醉倒水雲間不覺乾坤暮那知五馬還

雪淳大師求偈

法非心外法心是法中心心法本非有有何傳法心

安心比丘求偈

心是身中主身非心外賓心安身亦靜賓主乃相親

天摩山開聖庵

庵開雲甫上人語半空中活計無他物庭前一老松

因人述懷

毀人人亦毀忘物物俱忘我善人人善我強物物強

訪落水庵

石路登登去鐘聲隱隱來逢僧仍問寺遙指白雲堆

望冠臺

臺入中霄屹登臨可摘星掃雲仍枕石風送紫鸞笙

上無住

我號稱無住是庵亦無住人境皆無住是乃眞無住

次別軌儀上人

日月壺中轉山河鏡裏開君歸流水洞我坐落花臺

次龍州李上舍韻

近日詩全廢瓊琚愧未酬西峯他夜月魂夢到龍州

偶題

流水任東西浮雲自起滅逍遥雲水翁憂樂無分別

風月

巖泉逈白月庭柏引淸風身是聲色中心非聲色中

次小山草堂韻

曉洞秋雲曙西峯落月懸飄然一枕夢頻到草堂前

別定惺大師

袖拂江風去節隨嶺月歸山河從此隔千里夢䰟飛

訪江西崔處士

玉洞鳴流水山庭滿落花知君夜夜夢應到武陵家

送淨心禪子之金剛山

莫問金剛景金剛是我心強說金剛景白玉聳千尋

矗矗矗矗銀琢骨瑩瑩璧璐光三軍聞海賊箇箇露鋒鋩

臨歸偈

七十年間事依俙夢裏人澹然同水月何有去來身

幻來從幻去來去幻中人幻中非幻者是我本來身

七言絕句

江華乘天浦

東風來上北歸舟十里滄波半日遊自有乘槎浮海
志卻從何處訪瀛洲

寒泉汲月

山僧偏愛水中月和月寒泉納小餅歸到石龕方瀉
出盡情攪水月無形

謹次清臺權先生諱相一韻

卜築清臺問幾年超然靜室絶囂喧江湖亦有憂君
志魂夢分明到日邊

山僧採藥白雲隈童子傳言學士來欲得瓊瑶先石

室烟霞多處放筇迴

皎潔襟懷識者誰淸風明月獨能知仙標忽遇雲山
裏陶遠當年托契時

明中藏暗暗中明此理惟心不在經若得吾心明暗
裏萬千金藏摠虛聲

謹次玉所翁韻

佛殿淸宵獨不眠禪燈高掛卧悠然在世浮生猶幻
夢今年人事異前年

飢則呑霞困則眠蓬萊方丈任飄然雖無觧虎藏龍
術不踏塵寰已十年

東岳西溪間一林烏巾白衲又青襟扶笻步出前橋上三笑渾忘古與今
路出山前分萬岐鶴衣高拂欲何之三冬一榻慚無賴強作春風送別詩

觀海樓卽景

朝雨初晴海霧收微風乍起浪花浮蒼茫一色連天碧吳越行舟白鷺洲

江村桃花

水天雙碧映遙空茅屋數三暮樹中莫道靈雲消息斷桃花依舊笑春風

萬灰庵

古寺空庭長綠苔雲總一閉不曾開逍遙半日還傷

感其奈無僧問刼灰

須彌洞

路入荊榛絕峽中蒼苔滑石轉難通欲前還退頻傾

側扶我無人但一筇

白雲臺

遠觀不識天邊石卻謂層層白玉堆行到水雲窮處

坐萬千奇狀眼前開

普德窟

銅柱十層立壁端重重鐵索挽危欄溪流繞榻垂千尺撤板深窺意不安

正陽寺歇惺樓

夕陽來倚歇惺欄萬二千峯各露顏莫把玉容傳俗客風光嫌入是非間

松蘿庵

鋒鋩競揷翠微間庵掛峯巔杳不攀鶴去僧空餘幾歲綠陰深處水潺湲

海金剛

棠花多意向人開鑿割滄溟兩兩洞白石嵯峨雲海

裏遠觀疑是畫蓬萊

永郎湖

湖中日暖鷺閒眠靄色凝連海外天山客到時漁笛起回船欲訪永郎仙

洛山梨亭觀日出

火輪初出海門東萬縷紅光射碧空天地虛明遙送目雲初散水玲瓏形

毘盧峯

天風吹我上高峯嵐捲長空眼界通莊海鵬程看歷歷蟾宮知在彩雲封

坐雲巖

雲自無心閒去來幽人懷抱向雲開雲巖求夕無人到時逐岩雲上上臺

白蓮庵

白蓮庵在白雲邊半是人間半是天直界未聞車馬響世人那得是非傳

贈海印僧

病臥茅廬歲月遲何來一衲索吾詩不如對坐山樓上靜看孤雲出岫奇

別洪訥大師

相逢相別幾悠悠逢別悠悠欲白頭離筵莫唱驪駒曲天外歸鴻又客愁

扶病歸山

可歎支離一病身尋醫求藥走江津歸來已見山花落虛負東風九十春

次金處士軸韻

道絶形端豈有名名猶難作道何名波因水起波還水波水相依強有名

一圓相

能廣能滚如大海無增無減若虛空時時密密回光

照心自空時境自空

次鄭碩士三間字

多謝仙蹤世外閑別區烟月杖頭閒休言白衲元無事管領山雲不暫閑

謾吟

掉頭名利事多般屛跡烟霞屋一間逸夢不曾塵世到始知塵世隔青山

一生蹤跡但青山岩下柴扉夜不關寄語東林棲老鶴莫牽幽興向人間

念佛

念佛先除妄相心隨時緩急若調琴聲聲直與眞如
合畢竟渾忘古與今

誡示心頭險

過失在心不在身鞭身何似責心眞勿論憎愛心常
責是乃人中第一人

答性心老宿

性如鏡體心如光性若澄淸心自彰風掃宿雲千里
盡碧天孤月曉蒼蒼

忌多路

路多邪曲又多岐曲處多荊岐處疑行諳莫行岐與

曲正當中路路方夷

松都有感

懐古登臨滿月臺白雲流水獨徘徊無人與說興亾事惟有殘花向晩開

偶吟

谷自陰陰水自寒黃花紅葉共秋山百八摩尼隨手轉此身安處道心安

虛谷秋聲木葉飛霽窓寒影洞雲歸平生永絶人間事只愛松門客到稀

圓寂庵

山何寂寂鳥何喧喧寂從來道一源問道莫尋黃面
老心常圓寂道常存

靈照臺

心珠一箇是虛靈萬種千般比不評廓落秋天孤月
影千山萬水照分明

偈贈道岩丈室

傳衣本自老頭陁六代橫枝又幾多刧外春風吹不
盡開花結子在吾師

偈贈楓岩丈室

吾師來自海天東衣拂蓬萊萬壑風妙法不離聲色

外何須遠訪括虛翁

憶亾弟子

半壁寒燈明滅時五更殘月掛松枝杜鵑莫近簷前樹只恐聲聲惱我思

春日漫吟

春來無事倚窓前衆鳥喧喧惱我眠忽憶關東遊歷處海棠花發白鷗邊

江山行

三日江行七日山一句蹤跡是江山江山盡是胷中物咏出淸江咏出山

次金處士軸韻

平生蔵跡又藏名世上應無識我名但是金剛山上鶴知心知面又知名

夢酣

禪房閒寂淨無塵半日雲牕一夢身可惜人間都是夢夢中還作夢中人

答印淳禪子自金剛山來偈

惟君淸秀在眉間說道金剛萬瀑還爲君碧蘿丹桂月永郎仙子宿何山

次基川使君鄭公韻

揖送藍輿嶺外行春風吹送羽衣輕歸來石榻鵑聲
在古寺梨花月正明

失路

入人門外踏平坦平坦坦中更有歧正路忽迷歧路
入漫天荊棘獨躑躅

捨衆

五十年光石火中人間榮辱摠虛空今朝大笑飄然
去一衲行裝萬里風

謹次基川明府海左丁先生韻 諱範祖

歡情不必鳴琴瑟豪興何須擧酒杯最好東林新月

下滿庭花影任徘徊

題四友亭

月楊松爲伴風𥦤竹作隣松風兼竹月四友益吾身

五言律詩

月松亭

路由東海客來卧月松亭歸夢一千里啼禽兩三聲

岸花迎日笑江水接天平鷗鷺相忘地漁歌喚我惺

望洋亭

亭居蒼壁上空翠襲人寒絶岸花爭發孤城鳥自還

風塵千里隔湖海一節閑暮八田家看悠悠夢故山

竹西樓

倦客登臨日東風二月餘長郊經雨後遠浦掛帆初
洞黒神鱗伏巖奇彩羽棲桃源人莫詑歡樂是仙居

洛山寺

遠客登蕭寺門臨大海濱梵鍾微雨夕漁笛落花春
翠竹岩前拂金容窟裏神梨亭觀日出天地一紅輪

三日浦

偶來三日浦高臥一層樓水氣涼侵面松聲爽引秋
烟花潭底繡山月閣中圖蕭寺知何處寒鐘落晚舟

丹陽晩浦次北坪申翁韻

滄波翠壁東船泛夕陽風鴈呌秋江上鷗眠暮靄中
菊鮮連雨白楓落飽霜紅蓬島眞消息何須問赤松
夢遊青霞舊隱
袈裟一老衲邀我八霞庵盃酌雲邊水鐺烹石隙蔘
月牕偕朗咏風檻共清談鶴唳驚殘夢時夜更未三
謹次海左先生韻
東風明月夜花影滿窓前說盡千詩語談來一味禪
江聲搖殿閣山夢入雲烟白雪誰能和聰明愧太顚
謹次淸臺先生韻
白露連霄下黃花滿砌垂風聲生暮壑山影落寒池

紺殿鍾鳴後松窓月上時仙翁今又至相對和新詩

偈賜應虛

雙林雖示滅鶴樹至今存石室千燈照曹溪萬派奔
風幡空裏動星月水中痕非佛非心處傳心報佛恩

逢故友

故友來何晩松茶勸舊顔丹心終不改綠髮始成斑
臨水同觀影看春共出山焚香開鉢外閑坐說玄關

香山洞尋眞閣

客到尋眞閣西山日已曛遙岑天控立巖水地傾奔
衣濕龍潭雨笻穿鶴峀雲庵庵懸翠壁夜夜佛燈分

尋眞沿水八壺裏有乾坤暮靄籠山腹泉流爽耳根
懸燈南北寺題壁古今言獨卧空樓上鵑啼月滿軒

安州法興寺

羅代千年寺風雲變態間殿中三聖影堂上二師顔
箕子驂鸞洞麗王駐驛山僧空鍾不響題壁下層巒

贈振虛禪伯

八山踰數重庵在肅川東紺殿僧敲磬幽林虎嘯風
鶴棲丹穴裏仙夢紫霞中好對龐眉語超然世慮空

寶林寺

舟渡大津去三和有寶林門臨滄海遠僧語翠微深

揮麈談禪偈烹茶慰客心臨分猶惜別斜日轉松陰

長壽山白雲寺

快登雲際寺景物畫中開飛瀑雷聲轉高岑玉色堆
磬從天上落僧自鶴邊來枕石忘機卧山童指路催

開花寺

行到開花寺僧空寺亦頹月光窓底白江響枕邊回
壁古風飄紙廚寒鳥印灰憑誰知往事孤塔倚雲隈

過紅流洞

林泉遊歷日到此久徘徊俗遠風塵隔雲深羽客廻
岩幽交雜樹瀑急起晴雷今日括虛子誰知蓬島來

登黃嶺樓

去住本無定隨緣來此樓泉聲搖畫閣雨氣洩靈區
鴈塔風霜古龍龕歲月留烟霞歸路晩幽興幾時休

七言律詩

次南岳青霞會韻

法幢高建海東天四衆欽聞走若川佛祖門中承正
脉魚龍水上放慈船羨師用劒元無柄愧我藏琴今久
沒絃抱病岩阿身未到夢魂來去雨花邊

早入恒河洗骨清法門宗說兩分明南天此日多宣
化北地他年大擅名伴鶴行裝方外客降龍氣像釋

中英古今聚散雖常事離別人情淚自零

碧天瀋瀋水漪漪本地風光見益奇不必投針參兕

鑾何勞竪指學俱胝峻嶒老石忘言佛錦繡秋光本

色詩每憶清標無所信聊將一幅報君知

金剛山

秦鞭怒石落靑邱風雨乾坤已白頭衆聖羅空全佛

國五雲凝峀別仙區袈裟萬釋誇龍虎劒戟千軍躍

馬牛造化神機惟自得工詩妙畫摠難酬

蓬萊山聳海雲隈萬二千峯次苐開列峀摩天皆骨

立落花浮水衆香來岩唇吐月非冬雪澗舌噴泉不

兩雷造化奇功無限態意存猫寫也難裁

楡店寺

梵宮初創伏龍潭楡窟金仙五十三石舫隨緣遊海

北金鐘安佛到城南狗搖嶺上雲光瑞烏喙泉中水

味甘主守盧春爲護法至今遺像在伽藍

清凉山

清凉勝地喜多緣石徑崎嶇步不顚鶴穴雲深難見

鶴仙壇苔滑不逢仙琳宮縹緲承孤月雪嶽嵯峩出

半天下界回看上界寺高危不信夜來眠

俗離山

矗削奇岩霄漢齊披襟清嘯上雲梯天垂列宿頭邊
近風送歸鴻脚下低簇立群巒開繪畫倒懸飛瀑散
玻瓈安期羽化何須羨咫尺淸都路不迷

南海錦山

攀躋緣崖上錦巒綠陰芳草擁仙關白雲影卷青山
去碧海橋懸赤日還層閣高開清磬過虹門深掩佛
燈寒風烟別地多眞趣得句題來倚石壇

大芚寺

鱗鱗傑閣在丹丘瑞草祥雲鎖洞幽雲跡幾年山與
重寺名千古水同流蓬臺月出啼猿樹金殿鐘鳴倚

客樓更對門庭諸老語湖南今日辦淸遊

洛東江

秋風來上洛東舟一帶長江向海流白鷺雙雙孤帆外銀鱗潑潑萬波頭松亭竹院高低列絶壁懸岩左右浮不識秦童何處去人間別有小瀛州

次雲峯寺山影樓板上韻

祇園西麓起高樓樓冠東南七十州松檜靑叢經雨潤巖巒拍影帯嵐浮簷光照塔三更曉水氣侵軒五月秋朝暮登臨幽興發不須觧錫遠方遊

喜次趙上舍來訪

庵在雲深不設關仙笻穿破紫霞間溪聲入戶禪心爽樹影當窓客意閑日暖燕飛來古殿月明鶴語在空山寒鍾永夜終無寐說盡瞿曇與孔顔

坐七佛庵

參玄竪拂坐雲房鼠闘空樑鳥啄床無少世憂眠已熟有多禪味食猶忘溪環石榻僧心淨月鎖松壇鶴夢長忽得寒鍾方出定風吹落葉滿虛廊

奉次基川倅鄭公韻

三尺柴扉近碧霄偶然今日對高標文源遠控銀河浪詞氣能含渤海潮綵閣香燒禪榻靜瓊樓風入羽

衣搖仙居處處淸遊合不必蓬瀛吹玉簫

謹呈淸臺先生

欽聞辭綬歸來卧豈特辭榮又遯名幽趣我知非世趣高情誰識不時情烟霞有約遊仙洞塵土無心謝漢城千古富春山上月至今流照弄淸亭

漫吟

五十年來成底事破衣蔬食卧禪床浮雲朝暮有翻覆流水東西無古今魚躍鳶飛皆率性鶯歌燕語各全心靜觀萬物兼觀我物我混然一理深

冠岳山靈珠臺

冠嶽登臨望漢城蔥蔥佳氣遠崢嶸三山擁北千年屹一水圍南萬古淸八萬長安天日照三千世界佛燈明遙看碧海蒼茫外落照紅邊白鷺橫

挩影虛堂

妙年才調世稱奇付鉢傳衣庶有期豈謂禪門遝厄運却嫌天道竟無知佳禾未穗眞堪惜病葉歸根功可悲寂寞山中秋夜靜滿窓明月倍新心

古德周

扶杖穿雲上翠微暮天松露濕蘿衣香葩泛水桃源出細靄隨風石洞飛苔徑時時逢麝宿仙壇處處見

廪歸往古高羅王停蹕地岩頭殘堞尚依俙

松都

春風一衲松京路景物依然感客心廢堞只存當日事寒鐘不改舊時音杜門洞僻忠魂杳滿月臺空野鹿尋徘徊善竹橋頭石欲向溪流問古今

九月山月出庵

丹崖百尺小庵懸頭上星辰手可搴水聲石間流素練鶯甍浮雲外拄青天飛龍舞鳳當窓畔化佛癯仙列案前一宿靈區眞有分也知身世出塵緣

浮碧樓謹次藥圃先生韻

箕子古都有古樓長林峭壁俯淸流白鷗出沒平波面碧峀高低大野頭縹緲雲甍飛欲動等閑濤楫去無休繡城冠蓋雖云盛回首北邙摠一愁

安州百祥樓謹次梅月先生板上韻

使君携我晚登樓極目平沙瘴霧收十里烟花明楊外一樽談笑倚床頭喚人鶯舌饒春樹挾岸波聲撼客舟欲去還憑危檻坐誰知餘興在芳州

香山上院庵

三瀑分流勢若蟠庵居其上護雙峯環節必解岩前虎蓮鉢能降火裏龍開地夕蒙神禹力補虛應借女

渴切松壇久待驂鸞至度壑淸風引暮鍾

釋王寺次飛龍樓板上韻

香山節叩雲峯扃從古明堂護百靈猊座金容三世
佛龍龕龍玉軸一乘經曇花影裏僧開戶幽磬聲中鶴
下庭御墨煌煌恭奉玩自多悲感淚先零

又次南嶽韻

無遮會上講玄微柏子庭前見道機上乘悟時方是
慧旁門進處卻須揮楞經自有驅魔力錫杖誰知解
虎威傳得吾家無盡藏從今剛免乞兒飢

三日浦

十里方湖信步廻竹風花雨自徘徊四仙亭上仙應在三日浦中日已開伴鶴僧從雲外去驂鸞人向月邊來今遊勝地論何得多少塵思便作灰

洛山寺觀音窟

五岳東邊祇樹園觀音金色座中尊濤聲每撼瓊樓動霧氣常蒸畫壁昏征鴈背承千里月深鰲頭載萬峯雲淸香夜爇深深坐松籟潮聲靜裏聞

括虛集卷之二

表忠祠都摠攝案錄重修序

萬曆壬辰 國家値崇圯之運島夷犯順八路糜潰時則有若淸虛松雲騎虛三大師俱以空門大覺出一死報國之計 聖祖嘉之授八道都摠攝之號以寵異之三大師感激知遇灑涕誓師淸虛以義旅助天兵斬獲甚多及 朝廷議遣使日本松雲以一衲渡海終使 王靈遠暢而醜類革面當是時三大師之名震華夷而二大師皆一朝謝事返身雲關騎師橫屍戰場卒以身殉忠魂義魄凜凜有生氣其或死

或生雖有幸不幸之殊而皆可謂不負宿心矣
聖上嗣極慨然追念以爲三師不世之忠法空得祠
特命建祠密州治之西三綱洞裏宣額曰表忠 命
本府歲時致祭如儀 命春官帖禪門宗師之負輿
望者三人使之營祠事曰院長曰都摠攝曰都有司
又別帖一人曰都僧統並許以印章治事而其兼領
八路緇髡則惟都摠攝爲然皆所以崇本祠而勸來
世也嗚呼盛哉今與薦法老以叢林宿德薦選爲都
摠攝取前任人名案新之以大卷屬小釋爲序小釋
猥不敢當然竊伏念域內摠攝之秩至南北兩城而

極矣其名位廪祿非不赫然以重而終不敢與表忠抗禮此非有上下相承之體如 朝廷官職之有階級而其勢自不得不爾者何也只以禪門之所歸仰在表忠故也其任顧不重且大歟方今鯨鯢帖息海波不驚然居是任者惟當以三大師之心為心時平則棲身巖巖精修妙契以傳夫三大師之心印脫不幸而遇三大師之時則又當奮忠竭誠捨生趍義如三大師之成就然後方可以稱是任而答 聖旨矣若捨是悠悠碌碌生而無報於佛恩死而無聞於後世則是 國家建置都摠攝之名以為釋家之榮利

而已豈不重可愧耶諸長老必有臨是案而惕然警勵者矣愚知是案之果有補於叢林云

金龍寺住持案錄序

任案之有錄所以列任員之名不沒其跡也我 佛家雖超然於名跡之外而一寺之中百十人爲上奉聖殿之供進下攝僧徒之戒律其他公私之役使賓客之接待諸般酬應節目浩繁不可無統領之人故必擇寺中之有名望諳事務者一人以任之而號爲住持每年替代於是列書其人之名以備後日之考噫是案之作豈徒然哉將使後人之披閱是案指點

其名曰某師賢某不賢某師能某不能云爾則是案也不但爲可師可法之明鑑抑亦爲可戒可懲之前轍繼此以往凡居住持之任者盍亦知所以自勉乎哉

三聖庵佛糧及燈燭契序

夫孝百行之源仁乃五常之首仁以濟衆孝以尊親是故古今緇素競志於三寶而尊親翹誠於六度而濟衆是庵也乃新羅三聖道場而聖雖云滅道場猶存成毁不一香火久絕有惠道人重脩古庵仍與檀信合謀灌之以水田募之以燈燭永作三寶之供噫

推仁濟衆者誰道人也舉孝尊親者誰檀信也余嘉其事畧署芳名以示來後云爾

七峯山白蓮庵古樓與後閣重修記

皇明三庚寅冬余自江右停塵于此菴是年春庵之諸緇集財取工重修一古樓以增舊制屬余而記之凡物無無名之物獨此樓久而無名無記何耶是蓋古之未遑焉斯樓既在山水間山有七峯水有雙溪雙溪之水七峯之雲影影隱現於一樓之中名之曰雲影庶乎其可也雲者色也影者空也影不離雲雲不離影空卽色色卽空空色之理在乎雲影況雲含

山水之趣登雲影而愛山影者有仁者之樂登雲影而愛水影者有智者之樂仁智之樂亦在乎雲影也因觸類而長之則凡經乎耳目者顯而日月風霆山川草木隱而屈伸往來消長進退無不足以滌舊染而啓新知也君子之心曷嘗有斯須之不進哉登斯樓者或騁意於形色之間娛情於臭味之中比如遊蜂野蝶憧憧朝夕而不知止用心雖勞而所得者寡矣是烏足語夫雲影之深趣乎聖賢之學貴乎窮理盡性使此心無一之累然後求之於形似之外會之於情意之表不溺乎物各適其樂則物皆我用用之

久而無盡故隨所取而足隨所至而安隨所寓而樂利祿不能使之汚山林不能使之淸出處隱現將無所不可必如是而後方可與論雲影之旨矣後之登斯樓者盍相勉焉

七峯山靈芝庵記

世有非常之人地有非常之氣天有雨露地有草木草有靈芝焉露有甘露焉沆然而降㸌然而秀豈可凡常齒哉凡盈天地間頭圓足方之人融峙蠢動之物夫孰非天地之氣之所成而就其中非常者盖鮮矣邑之西有山焉蔚然而隆起乃山之非常也峯

之一支自西而南又南迤而稍東回合而作一區雖無崇林巨壑而峯回谷曲體勢平穩泉有甘露之味草有靈芝之異此基之非常也有地如此而慳秘不發自在於灌水荒翳之中此殆有待於人乎去甲戌春有淸信士其名就信鳩財殫力建小庵名曰靈芝制度雖未可宏濶爽塏足可以爲安禪靜慮焚香點燭爲生靈祝釐之所也自此物外雲衲得得棲遲飮甘泉而採靈芝倚老松而觀浮雲求之物我之表得之心神之內有以自樂焉此人之非常也造次之頃悠然有會乎心忘我以觀物忘物以觀道覘天地猶

一家視萬世猶一朝視其身同乎萬物而萬物莫能使之清莫能使之汚世所謂仙風道骨方可屬斯人而鍾天地非常之氣管靈區非常之樂者非向所謂非常之人也耶

伏牛山白蓮庵新創記

余甲戌秋纏及於一善之北白蓮精舍精舍之主乃同門長洛峯老也語及於余曰是菴之營新實藉於本寺衆力而記功追闕得非欠事歟玆以徵記於子余復於老曰如某之雕蟲小技不敢當也然玆庵也處於牛山之西洛水之上昔日魍魎魑魅之蹊今化

爲垣墻龍碧砌昔日荊榛枳棘之區今化爲大覺巨楠
巋然翬然其東之青華南之金烏西之鷲樓北之迦
羅星羅碁布左之甘泉右之渭水亦皆宗歸於洛水
洛水之風帆浪楫魚鱉鷗鷺與牛山之霽月淸風歸
雲落霞皆助爲一庵之爽塏遂使岳靈載喜谷神載
賀倘非諸公之賢勞其何能如是意茲地之勝顯於
今者若是之神而其廢於古者是誰之咎歟良由天
慳地秘有待其人而發焉乎夫牛山之體勢崒起而
環挹洛水洛水之長波浩浩橫帶牛山其蒼然之色
浩然之氣浮而爲一終歸乎太虛冲漠之本源是庵

也既在本源之中則可謂挾鴻蒙致希夷者也又得白蓮之佳扁白者五色之一而屬於西也蓮者萬花之王而花果同時也則盖取西方九品蓮花之妙而稱云夫如是則何勞精進而後方登九品古人有言曰西天卽此土也以是觀之白蓮卽九品九品卽白蓮了沒遠近亦無彼此偕造乎一圓融清淨之藏是藏也非但爲藏之於薩埵之因薄伽之果也亦乃洛水之清風于以藏之牛山之皓月于以藏之由是批風抹月之輩風馳而忘歸修因向果之流雲集而不散直與冲漠之源圓融之藏同其久長則庵之久長

憑此而可想長老曰菴之成毁實係於理之常也不足遂圖但白蓮之稱果如所說而不滅則當時樹功之人名旣不滅君之今日記功之名又從而不滅余復曰是則固是然名者實之賓實者名之主也其名畢竟亦歸於太虛沖漠之際而止之則奈如之何長老莞爾領之

華藏庵後佛幀記

蓋眞佛也者無限量無邊表無一物可等伊也無一物能盖伊也然則之身之大不可以須彌比之量之廣不可以太虛比是以固不可以色相之壞也完也

為念於其間也然無限量之量量之以言說也無邊
表之形形之以雕塑者是為假佛也而假者在人也
不在佛也昔者于填王以木以刻之迦葉尊以金以
博也像設之風其來也尚矣庵之重營在戊寅之歲
而力未暇於繪事之改也色綵彫飛見者與嗟爰有
苾蒭曰順憲曰自有慨然有重新之志乃於乙酉春
正月募入鳩財邀幻手而金之金也繪之繪也不月
之內功告畢卽華藏會上一部也大悲右像一軀也
龍天神祇一衆也噫所謂花冠瓔珞天衣莊嚴之屬
燦爛盈目比如天中星月皎皎碧落也空裏燈燭光

光互映也七處九會之儀寶陁巖窟之態怳移斯焉

眞華藏世界也遂使助緣者瞻禮者皆仗勝事畢至

於如來妙莊嚴域也則是乃依假入眞也吁二士之

功德也不曰廣大而深遠乎余旣幹是事者也惜其

二士之蹟湮沒無傳粗記日月也

雲巖寺極樂殿重刱記

海以東多有名山山有琳宮梵宇戴像藏經設齋誦

呪者蓋所以崇道之端也今聞州南幽鄕之西有山

焉宰嶽有寺焉雲岩也按古記則宇頑未詳而寺盖

古也唐儀鳳元年乙卯義湘祖師首刱梵宇不幸萬

曆壬辰兵燹被災逮順治十有五年戊戌秋山人靈
俊首建僧寮至康熙十八年乙巳化立海特印瓊克
閒等尾建法殿云然凡物之廢興存亾有數存於其
間則是殿也多閱星霜累值顚覆不足恠也乾隆四
十七年癸卯諸緇均力募緣乃乙巳春始撤舊宇恢
拓其制意上下乙巳非獨相應若非今緇之功寧顯
古師之德不有古師之先卜豈有今緇之後剏也古
今相符功德斯備於是奉經像諷齋法而道其道樂
其樂從此雲物欣欣然皆有德色古人命題之志亦
在乎斯哉寺僧徵記于余余書其事俾後有攷焉

兠率山三聖庵重修記

有維慧道人與我同年心入祖關跡遍佳山如駕浪虛舟出峀歸雲六七年來邈然無聞矣赤猴之中秋訪余于小白山中因要三聖庵重修記曰商山邑治之西北隅兠率山下一名區洞府幽閒泉石明媚後障則石壁千尋前對則蓮峯萬疊遠近江山拱揖窓外宛作天然水墨屏此所謂天地之秘藏靈眞之富宅也我海東元曉義湘懶翁三大聖師甜憩錫于玆紉草結庵以爲自受用淸淨樂土聽泉聲觀嶽色道其道樂其樂作安身立命之處也嗚呼三聖西化風月

獨吊於遺墟者久矣至順治年中山人某重修是菴扁之曰三聖又至康熙年間開士某乃第二剏主也乾隆乙未歲貧道自香岳尋到此菴菴廢久矣拊楹而歎曰菴之廢興人之存沒相尋於其間者理之常也無足恠者然三聖之安身立命處將蕪沒無餘而無一人覩者可乎於是與諸緇衆合謀重修之役因募緣鳩財經始於今年春七閱月而斧斤之功纔畢凡堂室軒檻庖廚階垣益增舊制望之翬如依俙兜率天宮也自此岩林景物倍增顏色願借一言揭之壁使來者有考而有感隨毁而隨補其無辭乎余復

曰余自罷講六七年來不復事筆硯而況數年沈痾之久乎但以余之說歸告庵中人曰吾當他日病除後一往其中與諸禪列坐於三聖安身立命處拂客塵息心境然後竪拂子擲柱杖弄得箇本地風光則三聖之面目昭昭於當下而三聖之道愈益光顯矣道人旣是第三重剏之主則與諸禪輩功勿閒漫度日重修古心田地偕到於古人安身立命處建諸天地垂玆來裔則方是三聖之眞記復何文字之爲焉

藏山寶藏菴記

上之五十一年丙申春正月旣晦括虛子在小白山

中有一衲手心名者叩門而乞文曰寧越府南百里
外有曰藏山隆起而挿雲白石錯列與淸凉山爭上
下絶特之境有梵𡻕古墟狐兎之所經麋鹿之所遊
山人處照慨然於此與我同募衆緣始役於甲午春
拓古基搆新庵門以石瓦以板所以爲堂室廚軒者
凡十八間矣扁曰寶藏庵願公賜一言壽庵名余卽
掩其口曰止止吾佛祖示萬法爲一虛今君以虛來
請於虛翁者是虛中之虛但以余之說歸告庵中入
曰吾不知山與庵名實果安在其爲白圭之藏耶黃
金之藏耶雪月風花之藏耶雲霞泉石之藏耶否則

使居此者行住坐卧兢兢業業勤於用心於我凡夫
五藏山中得無盡寶藏也照乎照乎知爲照乎處照
而常寂處寂而常照照寂同時之底是處照之寶藏
心乎心乎知爲心乎斗心而觀境斗境而觀心心境
兩忘之底是斗心之寶藏也到這裏看則色色也藏
聲聲也藏此所謂如來正法眼藏藏山之寶藏直詎
如是而已矣夫何記草之功德亦何用括虛之葛藤
乎於是心眼而笑曰敬聞命矣

寶藏菴佛像記

寶藏心頭陀騁數百里見余于龍山仍請佛像記曰

貧道去癸巳春與處照首座分力聚財邀龍眠定一續靈山幀一部塑大悲像一軀姑未遑者記也請垂一言余曰末刼造佛事甚殊勝而蓋佛也者但以空寂為宗猶不假色相况言說乎心曰風本虛而因樹占風佛本空而即色見佛故于塡王刻像以慕之大迦葉鍍金以敬之此非色相耶余曰然則佛非心外之色生非佛外之心故世尊云心佛及衆生是三無差別南泉云不是佛不是心不是物是三卽一一卽三三一俱圓俱泯空卽色色卽空空色不一不二畢竟定當不得底道理也心乎心乎歸與照照之窮到

於傜麼田地則德山棒臨濟喝始知有分付在矣何勞數百里而喃喃於此老也心乃受而去

月現堂記

門人體雲自鳥嶺來覲予于龍山仍求月現堂記曰堂之前刱在於順治十八年巳四月之望而當時幹事者則吉記不明故不錄而葢建之久矣頹毁將迫有化士智詢等三人募財召工重修於乾隆四十五年庚子四月之望願記顚末以示來後余曰堂之前刱旣在四月之望重修又在於四月之望則年雖殊而月日符合固知物之興有待於時也且四月乃

十二月中純陽之極望月乃三十夜中圓滿之極居此堂者必修純陽明正之道以證圓滿不偏之理則性天心月當下現前矣然後方信月現之旨也門人乃心納而去

輪藏記

我佛釋師子四十九年橫說竪說之法統不出經律論三藏也三藏雖殊亦不出我一心一心卽三藏三藏卽一心三一俱圓俱泯定當不得之道曰妙法妙法只在方寸而不知故易曰日用不知也以此法印出爲黃卷藏于輪閣中輪轉不息者比法輪常轉也

頑諸潑智精進不退必得不得底道理焉

松竹洞四友亭記

白鼠流金月松竹洞主人得得來訪於余曰今春構小室於村西松竹洞而僅可容琴書几杖也將欲為訓蒙之所請以此義名而記之予曰主人旣置室于松竹洞夫松竹者草木之君子愛此者人之君子也又松者外直而中堅竹者中虛而外貞故凌霜而節益抗傲雪而操愈潔是故古人取比君子大夫也旣有松竹而亦兮乎風與月也夫風者順八方動萬物而淸虛月者揚明輝破幽昏而虧盈松帶風則碎玉

其聲价迎月則篩金其色色可以清眼界聲可以爽耳根於此四者可以取名名不虛得自有其義之存焉何必求之病老耶於是請益劲遂握管伸紙言於主人曰他日邀先生坐是室與學子指松而訓其直指竹而訓其貞指風而訓其淸指月而訓其明激發蒙滯然後乃教之以孝悌忠信禮義廉耻之道轉篤於風雅賦化之上則聖賢之域可計日而至矣然則取松而名之可乎取竹而名之可乎取風月而名之亦可乎噫一室之內四美俱而闕一不可遂名之曰四友室惟主人愛此四友而知四友之義則豈獨成君

子而已亦知夫括虛病老之不謾語矣

待彌山石仙庵記

月嶽之東待彌之隅有一石窟四面如削自作十笏方丈碧溪千回蒼岩萬丈疊巘重巒若拱若揖獅岩虎石如眡如蹲其他澄湫盤石翠屛蒼林之勝皆助乎一窟之幽趣而待彌之第一景也土人相傳曰古之有氣質淸癯鬚眉皓大者累紀遯此休糧絶粒而夜則入窟晝則出甍樵童牧叟或見驚惟難可以人物辨之仙化之後自窟額石墮閉門令人不入嗚呼異哉閉門者將開門之兆耶石仙額佛之繪痕依

脩於岩壁之上窟外又有遺址連抱之木數叢之花倚古砌而自開自落也歲在乙未春化士演澄與檀越趙甘奉發歎曰名區廢而不開者人也乃代其樹芟其荊不借青鳥之風鑑遂開白衲之道場扁曰石仙庵噫昔之尾解今則玉成後之居斯者當念泥犁之苦特發勇猛之志絶疑網淨客塵蟄解脫香點般若燈飲趙州茶餐禪悅食殺猢猻子伏水牯牛登金色界則是名金仙其勝於石仙者千萬億倍勉之勉之

金剛庵重修記

者箇庵子誰名金剛金剛何物無名中強名則直與
塵墨劫前空王古殿子無異無別阿那箇作大匠打
金剛緝古殿子然雖如是拋在一片空閑之地無人
覷着久矣樑柱傾斜墻壁頹毁不是無影老作家之
手段其誰復能有出金剛堅固之力斜者正頹者起
令諸禪和子游戲於空王古殿裏把得一柄金剛劍
便用於空王殿之上面下面東方西方乎頹到金剛
者得金剛堅利之德酬他無影老之作金剛恩始得
如何是空王殿裏之面目呵呵是甚麽葛藤

鳴鳳寺法華庵重修記

癸巳冬余自湖西移錫于是庵庵在寺之東百步而洞府別開境界幽邃實安禪入定者之可棲息也刱在何代而無記可考是可歎也已年久屋弊傾覆之患迫朝夕而居僧五六北輩貧不能重修皆欲渙散翌年春余亦將作香山之行大衆遮路請留乃與衆約曰斯菴也作於古之人可見其用心之勤而頹圮若是苟不補緝則庸免後人之責耶但庵中物力凋殘亦無募緣之財惟在諸君之各自出力合手而完役耳僉曰諾於是召匠始役于三月之初遂與諸衲子同分胼胝之苦各食其粮各努其力凡棟梁之朽腐

者桷梠之摧折者階垣之已毁者堂室之未備者一皆新之凡制度面勢煥然倍昔令人拭目改觀焉見者皆賀噫今又無記則安知後人之責今日之人不如今人之責昔日之人也哉兹以畧記年月以示來後耳

祭弟子影虛文

嗚呼欲言哽塞欲思膓裂吾尚忍為文以哭汝耶汝生而有貞松勁竹之質止水明鏡之資性仁語恭人所稱焉不幸早歲失怙因以絕裾入山執勞師門者五六年十六落髮十七負笈從余于龍山華藏庵初

入學路已有神辟余多之而歎曰眞所謂鵷鶵未羽而有凌雲之志猊猊落地而懷噬牙海之氣也不加鞭繩學業大進推誠接物亦盡遜順見人看外書則必以佛學勸之聞人勸長髮則又必正色以拒之余嘗器重之曰年雖少而志則老矣況汝才長於我而量寬我解勝我我曾聞伯樂之廐多駿駒吾非伯樂而能得汝耶只令藍茜沮本色也丁亥秋送汝于惠嚴海會課玄立論無不允叶衆皆服之己丑還我入皆登壇望之時汝年二十三尚非古人入室之年故雖未設壇建幢慮我衰老猶以法號衣鉢早有密付之

之事矣庚寅冬忽遘大痘我盡力救護終見勿藥我撫汝訖人曰珍重如蚌裏明珠希有如火中蓮花此子之不死殆佛力也非吾力也辛卯春同赴黃崗之請解夏後更欲治裝從師余諾之又命鵬沙彌偕之以告人三登之說勉勵再叩惠庵之扃新悟強辯益刮人目名聲四飛聞者咸悅以法中棟梁稱之壬辰春余益老倦又有將求授鉢之意捨衆遠擧方丈碧松不期相會離合之際一驚一喜而惟汝瘦瘠悶之則曰客厨冷落旅槖空匱余惻然憫之強以相慰曰爲法亡軀哲人所甘何足爲苦汝復請曰遊山拾寶

不如歸養已眞余返責之曰北歸何太緊乎吾將使汝盡揆六方家畢得其未得然後庶幾不負此行矣今見爾容癯爾言慽維汝言是從遂送汝先歸時乃四月五日也及汝歸念汝觸熱遠歸自方丈經到黃岡汝病已一月矣汝旣復起我亦謀諸衆擬以冬制日陞汝于龍山青霞堂時則九月共參陰山祥會於汝有得髓之賀於我有還珠之喜汝仍先歸我乃後歸則汝病又七日矣吾訝其頻病而診其症視其貌亦不以死生爲慮嗚呼一宵之間氣塞不收舌強不語雖以母子之情師資之義相視而莫能救汝亦相

規而不肯留遂以十月初九日夜奄忽示寂嗚呼其入無聲三昧耶其入夢幻三昧耶天不慭遺胡至此耶人言彩雲易散良玉難久者果然矣汝何哭我而我哭汝汝何葬我而我葬汝葬我者誰哭我者誰強者死衰者存所謂天難測而理難推也汝家幹蠱者惟汝而汝今已矣早知如此爾毋安得一日相推付與山門也吾門嗣法者惟汝而汝今已矣早知如此我安得一日相離遠別方丈也汝既不死於庚寅之瘟又能得瘳於六月之病柰之何曾未幾何而旬之病不起如是也吾之法棟摧矣明珠碎矣十載針

茶之合遽作千古幽顯之别汝之命其果止於斯而已耶吾之緣亦止於此而已耶抑吾不能盡誠而殫其力以至於斯耶其或先此八室則不死而延命耶在方丈則不死而度厄耶在黃崗則不死而能存乎退龜村則不死而尚保乎呼天而天不言訴佛而佛不言寧不若隨汝而溘然歸於不聞不知之爲愈也頑忍不絶塊坐石室念汝講說則悲念汝容止則悲對汝法侶則悲看汝手澤則悲非不知此世浮生種種虛幻無益之悲何補逝者而情慣恩濃欲忽不可忽況今吾與汝非特世人之所謂師弟子而已乎汝

雖死而使我更有人如汝則猶以為慰也汝雖死而使我早得傳廛子汝曾覩其拈弄禪教之功則猶可以為慰也使汝無良材美質則猶可以相忘一朝失汝子然獨立將使我誰恃而為命乎將使我誰賴而傳鉢乎自此吾益無意於此世將欲軍持不借飄然絕跡遍遊於滄海蓬萊之間仍入妙香七寶諸山一片孤飛之雲未知滅在何處汝若有知其能躡我之塵而隨我之後如往時在方丈之遊耶痛矣痛矣汝之遺文殘篇積案溢篋吾不能收拾成篇聊以傳汝影響音此又可悲然西方設教本不言語為宗咳唾糟

粕何足爲汝之輕重耶吾以大器望汝故欲待汝道成之日叓錫以嘉號今於告汝之日始將影虗二字丁寧相加吾之苦心哀情當徹於溟漠之間靈若不昧其亦聽取而毋或棄我相與攝影歸虗則安知幽界之樂無異於此世也耶嗚呼文不盡言淚不洩悲與其噭噭而悲曷若薦靈於眞界也今當七七之辰畧設香茶先供亞聖地藏次薦影虗靈英可燒者其骨不燒者其靈靈乎靈乎尚其格哉

露陰山南長寺觀音殿祖室新建上梁文

伏以大府商鎭古刹南長夭作勝區擅佳名於露岳

地護靈界著異蹟於圓通背負層巒之重遮空彌智
而立立面開複澗之注瀉八洛江兩溶溶參菖苓朮
之是生醫師所賴椱楠松檜之斯秀匠氏以資眞鑑
尊師住虎錫於奧地觀音慈聖執缾水於神皐依俙
寶陁彷彿崇嶽我師喚應法筵之妙唱智海之健舟
境遇人而呈奇六開相宅之眼事謀衆而期績誕起
創宇之心爰令一會緇髡廣募求其檀施将以三間
禪室擬結搆於殿傍時當玄黓涒灘序屬夾鐘姑洗
斧者左鋸者右許其始功而功分衲徒碧者煥丹者
燿賀其卒事而事歸籌室於戲瞻彼法宇允合禪居

十笏房中寔維摩之可甜憩七尺壇上眞曇殊之夂遊
玆所謂成辭脫之叢林得菩提之窟宅從玆以來栢
樹霞衲驅二空而雲馳唄葉龎眉奉四部而雨至師
施法利若旱天之遍沛甘霖弟受宗風猶萎草之頓
遇陽煦理因事現金波照萬里之程體同用彰玉花
攝千江之月影附翔鸞之尾迥登雲霄聲入晝角之
中遠透銀漢況且月照金沙霞濃玉砌谷神帶輝於
燕賀之日嶽靈載喜於鳥革之時旣人物之咸欣寧
賛揚之可闕遂吟短偈以擧脩樑
抛樑東鶴駕淸凉指顧中休道六窓昏似柒日輪飛

出重雷宮南萬里鵬程接海嵐夜夜祝融峯上望老星一點照禪庵西王母瑤池路不迷時復玉簫聲八耳採芝仙度白雲椽北一座須彌衡斗極雲自無心出岫還騰騰閑影簷前落上起看數里羅公杖翳天白日廓昭明政是吾人淸氣像下雪眉能植跏趺座雙猿抱鉢入西東百鳥含花飛日夜伏願上梁之後玉帶垂祥金仙降福風雲會系慶寧有陰陽之乖離烏兎送明常見巢燧之昭朗慈心海濶將爲覺路之規繩法壽山高永作迷津之濟楫

雲峯寺會賢堂上梁文

伏以鳥嶺東麓四佛西隅天開別區山稱雲達之嘉號地設靈界寺揭雲峯之殊名澗谷縈廻岡巒秀麗粤在天啓慧聰明師建此寺於其初逮至缺雍正雲衆釋翊此堂於其後然而盛乃衰毋寔天地之常敗是興基亦陰陽之數幾因層氷積雪之埋沒棟樑將摧纍被顛風驟雨之振凌板尾已毁居人發歎過者興嗟序屬黃龍之春時値碧兎之月傾諸寺内之儲物重復壺中之宏規衆生爲之改觀古制於焉得復開戶闥而松陰落落倚軒楹而山色巍巍特地之烟霞再煥既鑰仙區諸天之雲月重淸寧無善頌聊吟

短藻助舉修樑棟之東蹲岩挿翠空睡餘閑捲箔杲白暎仙宮南蒼翠擁精藍樓閣鍾初動應知禮佛龕龍西疊巘與天齊落月掛松樹秋雲生石溪北尖峯衝斗極夕陽度遠林雲旋歸山宿上玄大覆萬像咫尺白玉京郡仙八瞻仰下慈雲浮日夜緇徒植跏趺禪味如啖蔗伏願上梁之後林鳥效祉山鹿歸仁雨順風調法衆優遊於山林之秋月時和歲稔黎首鼓腹於太皞之春風

華嚴經勸善文

夫華嚴經者三千佛祖之骨髓八萬大藏之帷幄王

臣將相之所尊尚人天神鬼之所護持是以龍樹祖
師挾誦於龍宮大賢菩薩擅揚於大夏和帝龍興懸
寶蓋而勅講天后饍御述序文以題品纔寫數行字
字放光地神奉戟天童散花何道士造此經以脫七
百罪人塗炭之苦悟沙門講此經以登五百山神騰
空之座如是靈異不可俱陳伏願善男子善女人省
塵財之夕烟覺人世之朝露貧富隨施成此法寶則
存亾以之而獲益佛祖以之而續焰可不勉哉可不
幸哉

夫包含廣博之謂大運重致遠之謂乘近按遺史昔
新羅元曉祖師以神通力引中國法雲寺僧一千十
二人皆棄之以大法遠致於東海之岸於中一千住
蔚山地圓寂山成佛遂改名千聖山又執勞僧八人
住六丘地公山成佛遂改名八公山又四人住尚州
地功德山成佛遂改名四佛山又有一說焉羅朝有
一大石自天墜於山頂而四面彫四佛形像暴之以
紅紗卓立於中峯故亦名四佛山於是眞平王九年
甲申命駕於此瞻彼四如來遂刱寺於其下額曰大
乘大乘之志良有以也至唐開元元年乙巳新造佛

像三尊塗金至乾隆甲申重修古殿噫古之甲申初創今之甲申重修上下甲申不期相符乃四佛大化通力遠及於此而重興耶新羅王師以名比丘乘大法於此緣盡西歸塚上生蓮高麗王師懶翁和尚乘大法於此山之西妙寂菴而化其後涵虗祖師乘大法於此山之東般若庵而化庵皆猶存跡尚遺之可謂名刹也昔者我佛如來乘大法上天久不降時于塡王追慕木以彫土以塑祈之則有應不敬則無福夫以假之而感應猶如是此塑像之所由起而事佛者不可不勉者也殿雖重新佛則未暇金泥剝落瞻

之無嚴雖無損於佛之眞體實有愧於人之眼目有
志於改金久矣而事巨力微難以獨成敢將荒語普
告檀門願諸善男善女覺夕烟之塵財念朝露之人
生開大施門建大功德使功德山更添一層之高大
乘寺重復千年之舊則佛無嚴而有嚴僧無依而有
依感感斯文爲如何哉

四佛山安影文

曇花始發淸香普須流及西山寶𦯬重爛惟我凌波
遠續芸端緣終化滅嗚呼無攀追慕慈蔭繪眞以安
四佛林泉自此生顏乾坤永靜日月常閑芳芬有餘

浩刼無殘

括虛說

有客來問括虛子曰子以括虛名軒敢問其說括虛子曰居吾語子夫余之所謂括虛者乃括十方之虛空非謂萬物虛僞之虛也所謂萬物之虛者物物皆虛也頭頭皆虛也噫千年文章夕陽之外則一虛也萬代英雄一電之中則一虛也蝸角上蜀蠻之消息一虛也春夢中莊周之形影一虛也邯鄲之枕得之而一虛也塞翁之馬失之則一虛也夏杜既屋九鼎移奠則一虛也漢炎不噓銅仙垂淚則一虛也仙李

之花飄風零夾馬之香消殘則一虛也六朝之丘墟五季之風雨一虛也海渴山崩忠臣之憤一虛也天長地久烈士之恨一虛也乃至佛家所謂三千之世界如海上浮漚則一虛也百億之佛身如空中幻花則一虛也四大之質假三緣而扶持則虛也五蘊之心對六塵而生滅則虛也十使煩惱無根而發則虛也八風毀譽不穴而生則虛也張生也李死也但生死之虛也鷺白也烏黑也但黑白之虛也秦亡也楚存也但存亡之虛也西得也東失也但得失之虛也然則榮辱浮沉摠是虛貴賤賢愚亦是虛治亂興亡亦

是虛利害毀譽亦是虛閱古今視萬物愈往而虛也馳上下籠百態愈來而虛也冥冥然混混然都作一場之虛幻也今將一場之虛幻欲問於孔氏則杏壇已虛欲問於釋氏則靈山已虛問於神神何言哉問於天天何言也問於地地何言也問于山則山默默而不言問于水則水汯汯而無語開牕對月月皎皎而已捲箔臨風風瑟瑟而已湖上觀魚魚不知我天外觀鳶鳶不知我我將試問於上帝上帝不自聽受而歸之於太虛還問太虛則太虛默默不應但以無增無減不生不滅之一體性遍十方而現示之余是以

名吾身生滅中不生滅眞性者爾客黙然移席而點頭焉

足不足說

人固有知足者又有不知足者夫不知足者雖高臺廣室而不知足總百官食萬鍾而不知足呑二周並六國而不知足知足者飯一盂蔬一盤而足帶索負薪而足甚焉則並日一食而足然則足與不足不在於物而在於我我若不足則於足常不足我若知足則於不足常足也常知足者常爲不足者之所笑而不以自笑故常知足常不足者常爲常知足者之所

憐而不知自憐故常不足也然常知足者無時而不足常不足者有時而禍生吾未知其孰為智也噫有鳥于林有魚于淵鳥待林而足者也魚待淵而足者也天之生物也使之各足其足而止已今之求足者林處而欲淵者也求足不已並與其所嘗足者而失焉亦足以鑑矣而世之知足者常少不知足者常多此何以也其足與不足在物不在我也悲夫

治爭僧說

有二僧爭利相鬨余呼至而責之昔宋人包公爲宰時郡有自陳者曰向以百金寄我者亡矣還金其子

其子不受望公召其子令受之公歎異之卽召語之其子辭白先人無此事讓之不受公不得已付諸寺觀以薦亾者彼塵勞中人尚能踈財慕義如此況爾等既是佛子而反不如俗子乎遂依清規律治之

誡惡者說

惡有有形之惡又有無形之惡無形之惡者害人有形之惡者殺人殺人者少害人者多多者罪猶輕小者罪猶重輕重雖殊為罪一也須治心於未萌防情於未亂勿犯於無形而及於有形焉

勸善說

蓋人禍福自係乎善惡之積積善則福必至積不善則禍必至譬如影響之相應也凡萬物生必有死猶夜旦之必然嗚呼人之處世必然之勢其誰有百年之身乎願諸善男善女覺世無常知財爲禍無不善而取禍也必積善而受福焉

送洪綻大師序

君自關北雪潭巡暨嶺南括虛者其志在於巡南耶爲問心境耶雪潭澹澹則括虛括虛亦澹也虛澹之底卽是本來面目北則暗南則明○明暗之底是本地風光有何南北之殊心境之異哉惟君看取南北

與心境未分之前

贈宋處士

耳莫洗潁川水口莫食首陽蕨首陽之風潁川之月通天地亘古今極淸虛雖皎潔擧世人皆若如此猶恐大義之滅絶

括虛大和尙行狀

和尙諱取如號括虛姓余氏始祖諱善才爲宋朝諫議大夫好直諫忤上旨故不容於中華航海東來居于安寧麗朝封安寧公子孫遂著籍焉至二十一世有通德郎諱日正取安東權氏生和尙于龍宮松洞里第卽　景廟庚子九月十七日也才氣絶倫經史子傳纔受卽誦先生頻歎曰此兒天才必有大成就十三歲投四佛山大乘寺祝髮于凌波祖師受具于眞谷禪師嚴淨毘尼毫毛不犯耆年碩德相與歎曰我等名雖宗師梵行則愧彼沙彌其游敎海神悟出

君當時橫經之輩莫之或先鴻匠鉅擘皆許與以佛法棟梁其見重於當世者皆此類也遊歷能受禪於幻庵長老傳鉢於喚應禪師於淸虛十世喚惺六世嶠南古刹缾錫殆遍衲子之得衣珠者指不可勝屈而伽藍之廢者與綱紀之頹者振如南之南長北之雲峯其最者也　正廟間住雲峯之養眞方丈己酉四月十五日忽索紙筆書二偈曰七十年間事依俙夢中人瀟然同水月何有去來身幻來從幻去來去幻中人幻中非幻者是我本來身投筆跏趺合掌而逝壽七十臘五十七雅不喜為文辭止觀之餘吐辭

成珠往往有章句其為詩也雅淡高古立言也崎崛瑰琦又工書法佛殿僧寮之扁額多出其手至今有龍蛇活動之氣蓋得其性情之正道德之妙故文章筆法不期工而自工也有嗣法十數玩松陟詮得髓之一也是出靜峯景賢勤修念佛三昧示寂之日山鳴谷應火化之夕舍利耀靈寔希有之瑞是出龍溪宇弘是出杜巖瑞岦景雲以祉杜巖有孝行戒檢事師如事親護身如護珠有名於叢林景雲則法門領袖大揚宗教兼有辭翰諸方私藏史山集即其寶唾也杜岩之承惠雲致敏亦識於奉刹善乎繼述可謂

克肖厥德者也嗚呼和尚之傳已至六代代出才德門風藹藹皆和尚積善遺蔭之所致也遺稿二卷久爲巾衍之蔵一卷則中間見失於洛中士人盖嘗從遊權淸臺丁海左諸先生多有往復之書而今無一二者載所失卷中故也前戊寅春杜岩公以存者一卷欲圖壽傳旣受弁文於我先師涵弘和尚病未克卒業是歲之秋惠雲欲如其志求得活字屬不佞以行録不佞後和尚百歲而生生於百歲之後而欲記事於百歲之前亦已難矣然昔南軒張先生生諸葛武候千百載之後記其事不以爲嫌苟有可傳之事

雖世代綿邈不以爲謬故撮其槩以備立言君子採

擇焉

崇禎紀元後五丁亥九月下浣後學野山明遠謹撰

無德而稱者誣其祖也有德而不稱者泯其賢也先師括虛和尚於我為五世祖而簪纓後裔早托桑門才德出倫知無不通百家藝林探賾索隱八萬海印極深研幾花數萬行心除六根以是見稱於當世而至其早歲受禪於幻庵長老傳鉢於喚應禪師此兩禪師吾東土大闡禪教者也有師如此曹溪之源亦可知矣敎請往來於嶠南名刹執經問難虛來實去者豈可一一稱之哉嗚呼詩律文章和尚之餘事則詎有卷帙播世之意也但講退之暇與賢士大夫之

有時來訪而酬應唱和者門人收集成卷其辭婉

其志淸其操雅無雕刻浮華之態依自然流出之響

非才德之出倫烏能如此戊子春後孫惠雲致敏等

以其遺稾欲繡梓而圖不朽謀我來跋以藻卷尾以

吾之不肖何敢點毫於其間哉然而係是同祖之孫

其於先祖之德不可以不文終無一言故不嫌孤陋怠

拙謹跋而和尚姓貫字號備載於行錄故不為架床

云爾

歲戊子三月下澣後孫滿船拖淳謹跋